Jürgen Faitz
Renate Gottschewski

Pilger,
kommt ihr nach Fulda

Geschichtetes

Mit einem Nachwort von Bonifatius Allroggen

Pilgerwege geben dem Unterwegssein zu Fuß eine ganz besondere Bedeutung.

In Mainz war Bonifatius Erzbischof, in Fulda wurde er im Jahr 754 begraben. Der Pilgerweg folgt also über 180 km dem Leichenzug vom Rhein-Main-Gebiet über die Wetterau und den Hohen Vogelberg bis ins Fuldaische.

Als Päpstlicher Legat in Germanien hat Bonifatius eine an Rom orientierte Kirchen- und Klosterpolitik im Fränkischen Reich angestoßen. Als Missionar und Kirchenreformer gilt er bis heute als Vorbild in der Weltkirche.

Die Autoren erzählen von ihren Erlebnissen beim Pilgern. Sie reflektieren das Leben des Bonifatius und seine Zeit. Einige Psalmen, die von der Jerusalem-Wallfahrt erzählen, kommentieren auf ihre Art die Geschichten.

Für Ekkehard Pabsch

»Wir wollen nicht stumme Hunde sein,
nicht schweigende Späher,
nicht Mietlinge, die vor dem Wolf fliehen,
sondern besorgte Hirten,
die über die Herde wachen,
die dem Großen und dem Kleinen,
dem Reichen und dem Armen,
jedem Stand und Alter,
gelegen oder ungelegen den Rat Gottes verkünden.«

Bonifatius, zit. nach Papst Benedikt XVI,, Generalaudienz vom 11. März 2009

Bibliografische Information der Deutschen Nationalbibliothek:
Die Deutsche Nationalbibliothek verzeichnet diese Publikation
in der Deutschen Nationalbibliografie; detaillierte bibliografische
Daten sind im Internet über dnb.dnb.de abrufbar.

© 2022 Jürgen Faitz, Renate Gottschewski
Herstellung und Verlag: BoD – Books on Demand, Norderstedt
ISBN: 978-3-7557-3631-8

Inhalt

Vorwort

Pilgerwege sind keine Handels- oder Wanderwege oder touristische Attraktionen, auch wenn sie als solche genutzt werden. Es sind Wege, die heiliggesprochenen Menschen gewidmet sind oder in enger Verbindung mit ihnen stehen. Auf solchen Wegen verlässt man, mit dem Wissen über die Leistungen der Heiligen, eingetretene Pfade. Wer pilgert, lässt sich auf die Inspiration des Gehens auf eine nicht zufällig gewählte Strecke ein.

Im Christentum werden Menschen als Heilige verehrt, die im Namen des Glaubens Gutes an den Menschen geleistet haben, an denen Gott ganz besonders gewirkt hat. Und wer pilgert, klinkt sich sozusagen in dieses einmal geschehene Wirken ein, um an bestimmten Erfahrungen, Riten und Mythen teilzuhaben.

Selbst wer allein pilgert, ist nie allein. Das Heilige ist zwar spiritueller Natur, kann aber ganz handfest an konkreten Orten bzw. in der eigenen Laufbewegung auf bestimmten Wegen, auf Pilgerwegen, individuell erlebt werden.

Kardinal Ratzinger hat im Gespräch mit Peter Seewald in den neunziger Jahren markant festgestellt: »Es gibt so viele Wege zu Gott, wie es Menschen gibt.« So mancher geht anstrengende Wege durch den Zweifel an Gott, um letztendlich durch Selbsterkennen Gott zu vertrauen.

Wir waren an acht Tagen im Juli 2017 auf der rund 180 km langen Bonifatius-Route in Hessen unterwegs, mit Start im vom Römischen Reich gegründeten Mainz. In der relativ warmen Region säumen alte Weinberge aus jener Zeit den Weg. Die Vororte Frankfurts mit ihren verspielten Fachwerkhäusern aus Holz und Lehm stehen im nachdenklichen Kontrast zur betongewordenen Skyline des Bankenviertels. In der Wetterau, der Kornkammer Hessens, wird das Landschaftsbild mit eingesprenkelten Wäldchen vor allem naturnaher. Der kühlere Vogelsberg weist einsame Wälder und sanfte Hügel auf, bevor der Weg runter in das von Bonifatius aufgebaute kirchliche Zentrum nach Fulda führt. Eine spirituelle Route begleitet durch die verbliebenen Kirchtürme in den Dörfern.

Pilgern, wie wir es erlebt haben, ist eine vielschichtige Erfahrung.

Vor Ihnen, liebe Leser, liegt Geschichtetes.
»Denn Stückwerk ist unser Erkennen....« (1 Kor 13,9)

Grebenhain und Bochum, im November 2021
Jürgen Faitz und Renate Gottschewski

Die Vorbereitung – in E-Mail Schnipseln

09.01.2017

Wir können sicherlich an der Strecke noch ein wenig tüfteln.

10.01.2017

Also, morgens am 21.07. geht es los. Dass ich den 20.07. genannt habe, war wohl versehentlich – zu viel Sekt an Silvester ….

Ja – ich bin dazu übergangen, dass wir morgens gegen achtneun Uhr von Frankfurt aus gemeinsam nach Mainz fahren.

Mainz nach Weilbach – ca. 16 km.

Dieser Kilometer-Angabe traue ich nicht. Selbst auf der bonifatius-website ist die Gesamtlänge einmal mit 172 km und ein andermal mit 185 km angegeben. Heute ist übrigens mein Wanderroutenpaket vom Bonifatius-Verein angekommen. Karte sieht gut aus.

11.01.2017

Statt in Hochwaldhausen, schlage ich vor, sollten wir am höchsten Punkt der Route auf dem Hoherodskopf übernachten. Abends treffen sich dort viele Leute, um den herrlichen Sonnenuntergang zu genießen. Hingegen liegt Hochwaldhausen auf der Ostseite. Die Lage am Ende eines Tals ist eher dunkel, da von drei Seiten Wald ist.

Das Hotel in Nidderau hat übrigens heute abgesagt.

12.01.2017

Petra hat beschlossen, angesichts ihrer gesundheitlichen Verfassung die Wanderung nicht mit uns mitzumachen.

13.01.2017

Toll, dass du die Buchungen machst. Bis ich mich entschieden hätte, wären Wochen drauf gegangen.

Nächste Woche werde ich mal Rucksack und Schuhe kaufen.

16.01.2017
Die »Pension zum Sauwirt« habe ich nicht gefunden; das ist m. E. nur ein Lokal, das aber auch einen Link zum »Grünen Paradies« hat. Für das »Grüne Paradies« habe ich keine Preise gefunden. Die Liste der gebuchten Pensionen ist vollständig – alles im Lack.

30.01.2017
Wie viele Probewanderungen mit Gepäck sollte ich wohl machen? Am Samstag werde ich Schuhe und Rucksack kaufen – 4 x 20 km sollte ich schon vorher mal mit Gepäck gelaufen sein, denke ich – am besten fange ich in den Osterferien damit an ...

12.02.2017
Einen schönen guten Tag Frau Gottschewski, gerne reserviere ich für Sie zwei Einzelzimmer vom 22. – 23.07.. Stornieren Sie bitte eine Woche vorher, weil ich auch im Urlaub bin.

26.05.2017
Vom Joggen habe ich eine langsam abklingende Achillessehnenentzündung – das war echt schmerzhaft – muss die Schuhe wechseln ..... jetzt jogge ich seit drei Wochen nicht mehr und habe vor, dies auch bis zur Wanderung zu unterlassen und stattdessen eben einmal die Woche mit Gepäck zügig zu wandern.
Danke für den Hinweis, dass Joggen zu gefährlich ist. Ich lasse das und geh gleich zum Wandertraining über ... Ich habe mir vor Wochen den linken Fuß leicht verrenkt ...

31.05.2017
Oje – zwei Fußlahme auf Pilgertour – das kann ja heiter werden! ... Ich suche über den hl. Bonifatius etwas heraus, was lesenswert ist ...

04.06.2017
Bei mir war's der linke Fuß. Wenn es bei dir der rechte ist, können wir uns mit deinem linken und meinem rechten Fuß weiterbewegen, optional. Apropos Fuß: Welche Erfahrungen hast du mit Schuhwerk und Füßen? Dünne Socken und zwei übereinander oder dicke Socken? Ich denke dabei an Blasen.

05.06.2017
Mit halbhohen Schuhen habe ich keine guten Erfahrungen – sie drücken mich am Knöchel – alle ….Vielleicht sind meine Füße ganz anders als deine, und du brauchst Bergstiefel selbst in der Tiefebene? … Blasen … hier hilft Vaseline …

02.07.2017
Jetzt habe ich Rucksack und Schuhe gekauft für die Tour – einen 30 l Rucksack mit Gestell und Halbschuhe, die recht gut aussehen. Die Buchungen sind fertig – vielleicht buche ich schon mal die Fahrtkarte von der Bahn vor – dann ist alles erledigt.

Bonifatius und seine Zeit

Tod im Morgengrauen

Im Morgengrauen des 5. Juni 754 töteten Unbekannte eine Gruppe von Männern in einem Wald bei Dokkum/Friesland. Es gab keine Zeugen. Schnell wurde einer der Toten anhand seiner ungewöhnlichen Körpergröße von 1,90 m und der mitgeführten Kult-Gegenstände für eine Firmung identifiziert. Auch die vielen christlichen Bücher deuteten darauf hin, dass es sich um seine Exzellenz Bonifatius, den achtzigjährigen Erzbischof von Mainz und Päpstlichen Legaten für Germanien, handelte.

Wurden die Schlafenden im Zeltlager gezielt beiseite geschafft? Der Moment - ein schutzloses Nachtlager in der Natur – war günstig. Wenn ja, wer könnten die Auftraggeber gewesen sein?

Oder war es eine Verwechslung mit einem reichen Reisenden? Oder hat gar Bonifatius selbst das Blutbad beauftragt, um einen Märtyrertod zu sterben? Die genauen Todesumstände des Bonifatius liegen bis heute im Ungewissen.

Wie sah die Welt des Bonifatius im 8. Jahrhundert aus? Wie erklärt sich die spätere Heiligsprechung? Schließlich ist die heutige Bonifatius-Route, auf der unsere Pilger Jürgen und Renate seinem Leichenzug von Mainz nach Fulda nachspüren, Teil dieses Kultes.

Der Schein kann trügen

»Nur der Scheich ist wirklich reich« sang Ideal 1980 in dem Lied »Blaue Augen«. Im Zusammenhang mit Kryptowährungen kursiert der Spruch: »Nur der Schein ist wirklich rein«. Auch der Heiligenschein? »Es ist nicht alles Gold, was glänzt«, weiß der Volksmund. Im Bochumer Schauspielhaus wurde 1984 das Stück »Der Schein trügt« von Thomas

Bernhard uraufgeführt. Zwei Brüder treffen sich zweimal in der Woche und reden konsequent aneinander vorbei.

Es ist eine vielfach geteilte Erfahrung, dass selbst die jüngere Vergangenheit einem heute völlig fremd und unverständlich erscheint. Wie konnten Menschen nur so bzw. so denken und handeln? Um wie viel schwieriger ist es, sich in die Zeit vor über 1250 Jahren hineinzudenken?

Gesichert wissen wir heute immer noch recht wenig über die damaligen Lebensumstände. In Germanien gab es keine Schriftkultur. Auch in den ehemaligen römischen Provinzen war der Alphabetisierungsgrad auf unter zehn Prozent in der Bevölkerung gesunken. Zu den Schreibkundigen zählten vor allem die Priester und Ordensleute. Diese schrieben neben religiösen Texten vor allem weltliche Auftragsarbeiten wie Urkunden u.ä.. Das im Römischen Reich verbreitete und preiswerte Schreibmaterial Papyrus war nicht mehr verfügbar. Pergament, der Ersatzstoff aus Tierhäuten, war weitaus teurer als Papyrus.

Bonifatius selbst hat weder Tagebuch geführt noch seine Predigten aufgeschrieben oder Gesprächsprotokolle geführt. Allerdings existieren einige Briefe von bzw. an ihn. Originale sind selten. Das meiste sind Kopien. Die Echtheitsnachweise sind sehr mühselig und zeitaufwendig. Insofern stehen alle folgenden Aussagen über Leben und Wirken des Bonifatius, ja selbst die Protokolle der Synoden, Kloster- und Bistumsgründungen, unter dem Echtheits-Vorbehalt. Wieso sind solche Betrachtungen im 3. Jahrtausend weiterführend? Weil Geschichte gegenwärtig »Geschichtetes« ist.

Was ist Wahrheit?

Die faktische Wahrheit ist an der Wirklichkeit überprüfbar. Entweder sie deckt sich mit dem empirischen Wissenschaftsbegriff. Oder sie bezieht sich auf ein widerspruchsfreies System, wie sie die mathematische Logik darstellt; oder auf einen Konsens, wie ihn beispielsweise

Gesetze in Demokratien darstellen. Aufrichtigkeit ist ein weiterer Aspekt von Wahrheit. Dieser subjektive Aspekt von Wahrheit weist darauf hin, dass Irren menschlich ist. Die absolute Wahrheit meint, dass die Wahrheit so hinzunehmen ist, wie sie gesetzt ist. Die göttliche Wahrheit ist einerseits absolut, andererseits jedoch nicht vollständig erkennbar. Und mit der irdischen verhält es sich ähnlich.

Unsere Pilger sind weder Theologen, Philosophen noch Historiker. Und doch wollen sie verstehen, was es mit dem hl. Bonifatius auf sich hat. Was könnte er ihnen heute bedeuten?

Die Idee des Göttlichen und die weltlichen Machthaber

Die Ideen des Göttlichen sind so alt wie die Menschheit selbst. Alle Religionen sind Anbindungen (lat. religare) bzw. Rückbindungen. Sie helfen Menschen, sich zu verorten und sicher zu fühlen, insbesondere in unsicheren Lebenslagen. Eine weitere Funktion von Religion im Sinn eines Glaubens an überirdische oder tiefere Wahrheiten und Kräfte ist die Gemeinschaftsbildung, die »Wir-Funktion«.

In den Gebieten, in denen Bonifatius im 8. Jahrhundert vorrangig wirkte, also im heutigen Friesland, Hessen, Thüringen und Bayern, war das Christentum durchaus bereits bekannt. Gleichzeitig waren mit hoher Wahrscheinlichkeit andere Götterkulte weit verbreitet.

Die Germanen waren keine einheitliche Bevölkerungsgruppe auf einem klar abgegrenzten Gebiet, sondern umfassten sehr verschiedene Stämme wie die Sachsen, Hessen, Angeln u.v.m. Sie opferten in einer »Wie wir dir, so du uns« Mentalität (Tun-Ergehen-Zusammenhang) den Göttern im Freien, vorzugsweise an besonderen Bäumen oder Quellen. Dabei galt es, vor allem die Götter zu besänftigen. Eine persönliche Beziehung zu den Göttern war ihnen unbekannt. Die Religionen der Germanen variierten stark. Der Ahnenkult spielte in der Regel eine besondere Rolle.

Die Erosion des römischen Zentralreichs mit dem Aufstieg des Christentums

Kennzeichnend für das Römische Reich waren eine arbeitsteilige Wirtschaft, funktionierende Infrastruktur und Finanzwesen und ein hoher Alphabetisierungsgrad. Dieser betrug 70 Prozent der gesamten Bevölkerung, schloss die Sklaven also ein. Die antike Gesellschaft war über weite Distanzen hochmobil. Die Kultur war vielfältig. Unbeachtet verhungerten Menschen, wurden missbraucht und zur Abschreckung oder Belustigung zu Tode gemartert. Zwar war Rom das »Zentrum der Macht«, aber es gab gleichzeitig mehrere Kaiser.

Christen wurden in den ersten Jahrhunderten verfolgt. Der griechische Philosoph Kelsos warf im 2. Jahrhundert Christen vor, die im Reich tolerierte jüdische Religion zu verfälschen. Sie trügen dazu bei, sozusagen vaterlandslos als Fremdkörper in bestehende Kulturen einzugreifen. Dies gefährde die Weltordnung. Jedes Volk habe seine Gottheit und jede Gottheit habe diesem Volk ein eigenes Gesetz gegeben.

313 n. Chr. wurde den Christen von Kaiser Konstantin im Mailänder Toleranzedikt die Glaubensfreiheit zuerkannt. Historiker schätzen, dass bis dahin ca. 15 Prozent der Bevölkerung Christen waren. Die Erfolgsgeschichte der Christen von einer geradezu traumatisierten kleinen Jüngerschar nach dem Kreuzestod in Jerusalem zu einer Weltreligion ist erstaunlich. Was waren die Gründe für den Aufstieg? Waren es die gelebte Nächstenliebe, die klare Ethik, die Toleranz insbesondere gegenüber den Frauen und eine fröhliche Ausstrahlung? Oder waren es vor allem das große Räume umspannende Kommunikationsnetz, die Organisationsfähigkeit und die Überwindung von Clan- und Blutsbanden, die für christliche Gemeinschaften typisch waren?

Das Konzil von Nicäa bestätigte im Jahr 325 das bis heute gültige Glaubensbekenntnis. Die konkurrierenden arianischen Christen aus dem Ostreich, die die Göttlichkeit Jesu nicht anerkannten, unterlagen. Wenn Gott in das Menschsein Jesu hat eingreifen können und ihn damit »gottgleich« gemacht hat, dann ist der Weg der Gedanken zum »gottgleichen« menschlichen Herrscher sehr kurz.

Das Christentum wurde unter Kaiser Theodosius im Jahre 391 n.Chr. Staatsreligion. Alle heidnischen Kulte wurden verboten und entsprechende Heiligtümer zerstört bzw. umgenutzt Im Römischen Reich des 3. Jahrhunderts nannten sich die Kaiser Dominus et Deus, Herr mit oberster Gewalt und Gott. Als das Christentum Staatsreligion später wurde, hatte das zur Folge, dass sich die jeweiligen Kaiser vom Papst, dem Bischof von Rom, salben ließen. Dieser tief in der griechisch-römischen Mythologie verankerte Ritus ging durchaus konform mit den Vorstellungen des alttestamentlichen Königtums sowie des gesalbten Jesus, eben Christus. So wurde der Herrschaftsanspruch über das Volk religiös legitimiert.

Ab September 394 war Theodosius der letzte Alleinherrscher über das gesamte römische Imperium. Nach seinem überraschenden Tod im Jahre 395 wurde das Reich unter seinen beiden Söhnen aufgeteilt. Zur damaligen Zeit wurde dieser Teilung keine besondere Aufmerksamkeit geschenkt. Es war bereits vorher der Normalfall, dass mehrere Kaiser regierten. Niemand konnte ahnen, dass die Teilung diesmal endgültig und für immer war. Die Kaiser hatten einen starken Einfluss auf die Kirche, wie z.B. die justitianische Kirchengesetzgebung im 6. Jahrhundert zeigt. Mit dieser wurde u.a. eine Zwangs-Kindertaufe eingeführt.

Die Merowinger und Karolinger

Nach der Reichsteilung zerfiel das Weströmische Reich bald in verschiedene germanische Königreiche. Die Franken regierten auf einem größeren Teil des heutigen Deutschlands. Das Gebiet nannte sich Austrasien und umfasste sowohl ehemals römisches als auch germanisches Gebiet wie Hessen und Thüringen. Es wurde von den Merowingern regiert. Ihr König Chlodwig aus dem Geschlecht der Merowinger eroberte große Teile des heutigen Frankreichs um 486 und residierte in Paris. Er ließ sich als erster germanischer König taufen.

Beim Aufbau der fränkischen Landeskirche spielte der Bischof von Rom, der am Apostelgrab Petri residierte, zunächst keine Rolle. Bischöfe, also die vom Volk und Klerus gewählten Leiter einer Gemeinde, waren auf dem Gebiet des früher römischen Galliens oft weder getauft noch theologisch ausgebildet. Auch der Zölibat galt nicht für Priester und Bischöfe, die mitten in der Welt mit allen ihren Verquickungen und Zwängen standen. Sie waren wie weltliche Herrscher Stadtherren mit eigener Gerichtsbarkeit und unterstanden doch diesen dahingehend, dass die Bischöfe nicht aus der Mitte des Klerus oder der Gemeinde gewählt, sondern von den Landesherren eingesetzt wurden.

Der fränkische Hofstaat kannte eine strenge Ämterordnung. Und das wichtigste Amt war das des Hausmeiers, eben des Verwaltungsleiter bzw. Präfekten. Diese Stellen waren von Karolingern besetzt.

Mit der Zeit konnten die Karolinger immer mehr Macht gewinnen. Karl Martell (688 – 741) besiegte und unterwarf Friesland, Alemannien, Bayern, Aquitanien, Burgund und die Provence. Nicht ohne Grund war sein Beiname Martell, was Hammer bedeutet. Trotz dieser beachtlichen Expansion war ihm die Königswürde verwehrt. Es galt das Geblütsrecht – und das gehörte den Merowingern. Durch Einheirat war dieses Problem nicht zu lösen. Wie dann?

Die iro-schottische und angelsächsische Mission

Im 3. Jahrhundert erlebte das Mönchtum einen Aufschwung als eine Art Protestbewegung gegen den führenden Kopf der weströmischen Kirche: Cyprian von Karthago. Dieser bestand darauf, dass nur Bischöfe die Kirche leiten dürfen – und es gäbe eben nur die eine Kirche – die römische Kirche. Damit war abweichenden Meinungen die Möglichkeit genommen, sich zu Wort zu melden. Dann eben lieber eine katholische

Sonderform leben, eine besondere Gemeinschaft - »ein Herz und eine Seele« sein (Apg 4,32): ein Kloster! Spätestens im 5. Jahrhundert fand das Mönchtum seinen Platz in die kirchliche Gemeinschaft Roms zurück. Den Klöstern wurden gewisse Sonderrechte und Eigenständigkeiten eingeräumt, die u.a. in Irland und England genutzt wurden.

Diese alternative Lebensform als Mönch oder Nonne bot eine gewisse Sicherheit in sehr unsicheren Zeiten. Auf dem Gebiet des späteren Frankenreichs waren iro-schottischen Mönche wie Patrick im 5. und Columban im 6. Jahrhundert aktiv. Sie griffen zurück auf den Gedanken der in Gen 12,1 grundgelegten Pilgerschaft (peregrinatio) und interpretierten diese als unblutiges Martyrium um. So war der Platz im Himmel sozusagen gesichert. Denn in der Tat begaben sich diejenigen, die jenem Gottesruf Abrahams folgten und Haus, Hof und Familie verließen und in die Fremde zogen, zunächst in große Gefahren.

Die iro-schottische Mission auf dem Festland führte zu unzähligen Klostergründungen und einer einschneidenden Änderung der Beichtpraxis: Statt der wie bisher nur möglichen einmaligen öffentlichen Lebensbeichte konnte wiederholt und anonym gebeichtet werden. Dazu wurden umfassende Beichtspiegel entwickelt und angeraten, nicht nur die sog. Todsünden, sondern auch die weniger schwerwiegenden zu beichten.

Klöster sorgten für Bildung und Armen- und Krankenfürsorge. Sie erhielten Stiftungsgelder für ihr fürbittendes Gebet. Damit haben sich die Herrschenden vom persönlichen Einsatz für Arme freigekauft und gleichzeitig mit den Klöstern verbrüdert. Im 7. Jahrhundert legitimierten Bischöfe und Äbte den Kirchen- bzw. Klosterbesitz damit, dass der Klerus und deren Zuarbeiter für seine sozialen Dienste bezahlt werden müsse.

Die jeweiligen Äbte der Klöster übten neben den Landesherren das Bischofsrecht aus. Kloster Murbach im Elsaß, dem Pirmin (690 – 753) vorstand, war der Extrempunkt dieser Entwicklung mit klostereigener Bischofshoheit.

Der Papst in Rom

Der Papst in Rom war im 6. Jahrhundert in einer sehr geschwächten Situation. Als reich geltende Stadt war sie ein gefundenes Ziel für Angriffe und Plünderungen. Rom war politisch, wirtschaftlich und kulturell eine byzantinische Provinzstadt mit wenigen tausend Einwohnern und einem entsprechend gefährdeten Papstsitz. So schickte Papst Gregor der Große im Jahre 596 vierzig Missionsmönche nach England. Diese sollten die noch vorhandenen Reste der christlichen Kirche aus der Römerzeit unter dem politischen Schutz der fränkischen Merowingerkönige wiederbeleben, was gelang. Möglicherweise versprach er sich davon auch entsprechende Unterstützung von Seiten des merowingischen Heers in seiner prekären Lage.

Auf der Synode von 664 im englischen Whitby spitze sich der Konflikt zwischen der iro-schottischen und angelsächsischen Kirchenordnung, die beide bis dato in England praktiziert wurden, zu. Im Ergebnis wurde der iro-schottische Ritus von der angelsächsischen Kirche verboten.

Die angelsächsischen Bischöfe leisteten fortan denselben Eid wie die römischen Bischöfe, die sich geradezu »universal« dem Apostel Petrus, dem biblischen Himmelspförtner und Vordenker der Amtshierarchie, verpflichteten. Als Liturgie wurde nur diejenige anerkannt, die am Apostelgrab in Rom gefeiert wurde: der römische Ritus. Und nur diese Nachfolger, die dem Apostel Petrus folgen, durften auf das Paradies hoffen. Der Bischof von Rom wurde als unmittelbarer und rechtmäßiger Nachfolger von Petrus anerkannt. Dieser war Papst und der Erste unter allen Bischöfen katholischer Diözesen.

Die junge angelsächsische Kirche löste zum Ende des 7. Jahrhunderts die iro-schottische Mission in Germanien ab. Der Mönch Willibrord war der erste bekannte Vertreter der angelsächsischen Mission auf dem Kontinent bei den Friesen.

Die Pilger-Route

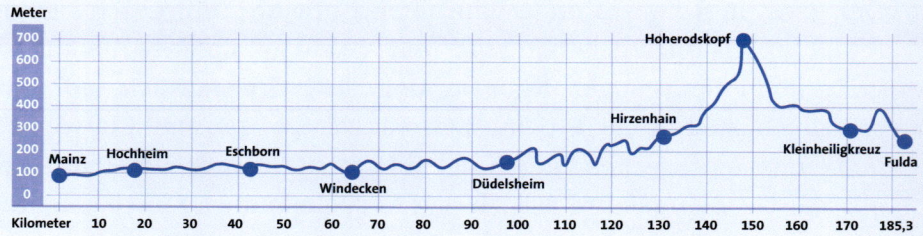

Meter

700
600
500
400
300
200
100
0

Mainz · Hochheim · Eschborn · Windecken · Düdelsheim · Hirzenhain · Hoherodskopf · Kleinheiligkreuz · Fulda

Kilometer 10 20 30 40 50 60 70 80 90 100 110 120 130 140 150 160 170 185,3

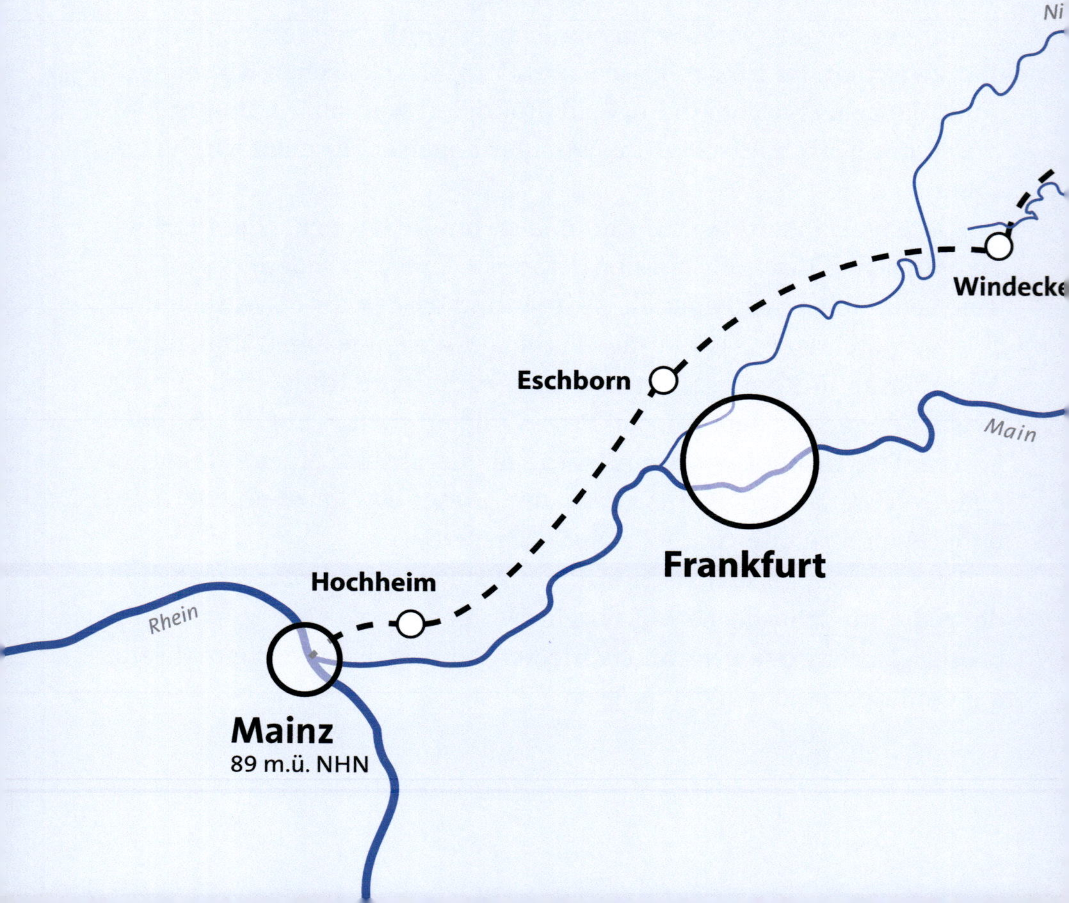

Ni

Windecke

Main

Eschborn

Frankfurt

Hochheim

Rhein

Mainz
89 m.ü. NHN

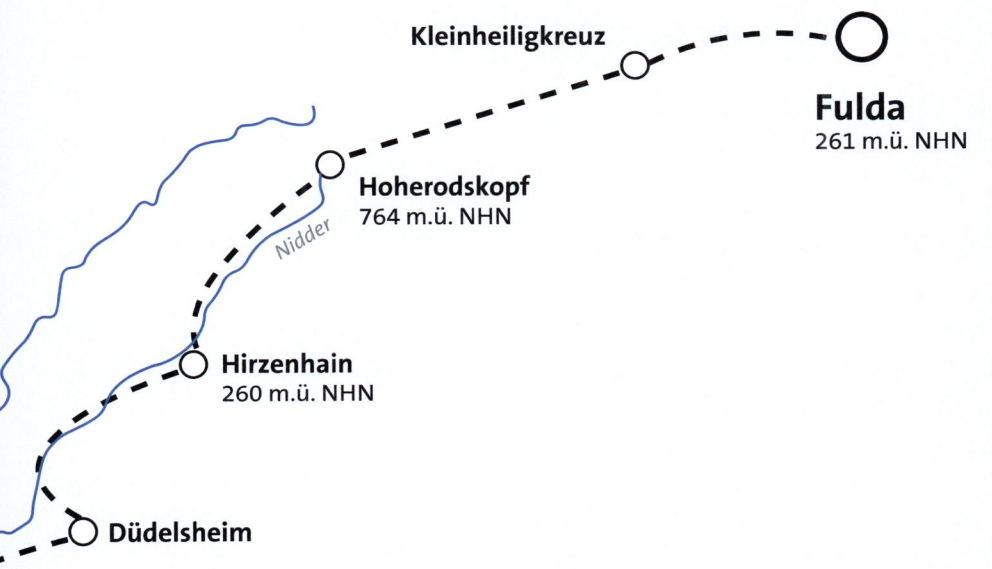

Kleinheiligkreuz

Fulda
261 m.ü. NHN

Hoherodskopf
764 m.ü. NHN

Nidder

Hirzenhain
260 m.ü. NHN

Düdelsheim

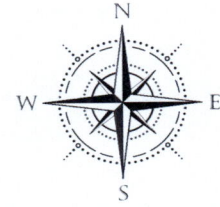

N

W E

S

Maßstab 1: 500.000

21. Juli 2017
Von Mainz nach Hochheim

Chagall

Auf dem Mainzer Hauptbahnhof ist es nach Jahren ein vertrautes Wiedersehen, so als hätten Jürgen und Renate sich zuletzt erst vorgestern gesehen. Dabei ist es rund zwanzig Jahre her. Der herzlichen Begrüßung und der Versicherung, dass alles in Ordnung sei, folgt schon sehr bald die Frage,

»Hast du alles mit, was du brauchst?«

Selbst die Frage an Jürgen: »Wie hast du dich denn auf die endlose Wanderung vorbereitet?«, bremst nicht das Aufkeimen einer immer präsenter werdenden Aufbruchsstimmung ins Ungewisse.

Wie selbstverständlich und ganz nebenbei werden sie mit Erinnerungen an gemeinsame Erlebnisse, die längst unter vielen Schichten der Vergessenheit begraben lagen, die Strapazen des langen Marsches erträglicher machen: »Erinnerst du dich noch an ...?«

In Mainz, der Stadt Gutenbergs, gehen sie in voller Erwartung auf das Kommende aus dem Hauptbahnhof hinaus. Dann brauchen sie jedoch ein bisschen länger, um sich zu orientieren – zu viele Baustellen, keine Gleichgesinnten.

Renate entdeckt ein großes Kirchengebäude und fackelt nicht lange mit der Überzeugung:

»Der Dom!«

Sie gehen sofort darauf zu und tatsächlich erkennt Renate die typisch blauen Chagall-Fenster, die sie stets dem bedeutenden Mainzer Dom zugeordnet hatte. Ein Kondolenzbuch am Eingang sowie einige ältere Personen, ganz in schwarz eingekleidet, warten mit gesenktem Haupt im Vorhof. Ein Trauergottesdienst im Dom?

Sie wollten schon abdrehen und sich direkt der Bonifatius-Route widmen.

»Nein, nein, treten Sie ruhig ein – es dauert noch ein bisschen,« ruft ein freundlicher Herr im schwarzen Anzug von der Kirchentreppe herunter.

»Wer ist denn gestorben?«

»Unser Pfarrer; und der – sehen Sie den alten Mann mit dem Rollator im Gang – das war sein Vorgänger.«

Das Gebäude stellt sich für einen Dom als relativ klein heraus. Die vielen Chagall-Fenster beeindrucken im Morgenlicht mit unterschiedlichstem Leuchten starker blauer Farben. Renate hatte sie bereits einmal Anfang der achtziger Jahre gesehen und seitdem im Gedächtnis.

Was für ein Blau!

Der russisch-jüdische Künstler Chagall schuf die Fenster im hohen Alter zwischen 90 und 97 Jahren. Das umfassende Thema ist die Vision der alttestamentarischen Heilsgeschichte. Die Fenster erstrahlen an diesem Morgen, als komme das biblische Heil aus Osten vom, von Gott (Jahwe) auserwähltem, Volk Israel.

Eine freundliche ältere Frau löst sich von den Trauergästen:

»Sie suchen die Bonifatius-Statue? Nein, damit kann ich nicht dienen. Aber vielleicht meinen Sie den heiligen Willigis? Von dem haben wir eine Büste und eine Reliquie. Ich zeig Ihnen das mal.« Hieß Bonifatius mit Taufnamen vielleicht Willigis? Nein, der Herr Willigis war der Bauherr des Mainzer Doms, den sie offensichtlich noch nicht betreten haben. Sie befinden sich nämlich in der Stephanskirche.

Man zeigt ihnen den schnellsten Weg zum Ziel bzw. zum Start. Sie gehen hastig hinter dem Kirchengebäude einen steilen Weg hinunter und erreichen schnell den benachbarten Dom zu Mainz. Er ist viel größer im Vergleich. Sie sind sich nun sicher, am rechten Ort zu sein.

Vor dem Dom findet gerade der Wochenmarkt mit einem bunten Treiben wie im Mittelalter statt. Hier ist Gelegenheit, den Reiseproviant für die Bonifatius-Route mit frischem Obst zu ergänzen. Auch wenn der

Markt als Ablenkung taugt und zum Verweilen einlädt, drängt die Zeit. Die beiden haben ja schließlich noch etwas Großes vor.

Der Dom

Direkt vor dem Mainzer Dom steht ein lebensgroßes Denkmal des heiligen Bonifatius, unser Startpunkt! Er war in Mainz Erzbischof und trägt daher eine Bischofsmütze, ferner ein Schwert und das Evangelium. Mit einer Körpergröße von ca. 1,90 m war er für damalige Verhältnisse ein außerordentlich großer und damit imposanter Mensch. Dies könnte ein Zeichen dafür sein, dass er in seiner Zeit als Heranwachsender in einem englischen Kloster überdurchschnittlich ausgewogen und nährstoffreich gespeist hatte.

Bonifatius wurde im hohen Alter von achtzig Jahren in West-Friesland, womöglich bei einem Arbeitseinsatz als Bischof, ermordet. Sein Leichnam verschiffte man mit dem Ziel Fulda auf dem Rhein flussaufwärts zunächst nach Mainz. Dann ging es weiter auf dem beschwerlichen Landweg zu seiner vorbereiteten Grabstätte. Es war sein verbriefter Wunsch, in Fulda beerdigt zu werden.

Die von den beiden Pilgern auserwählte Bonifatius-Route von Mainz nach Fulda folgt heute in etwa dem damaligen Weg des Leichenzuges. Anlässlich der Jahresfeier zum 1250sten Todestag des heiliggesprochenen Missionars, Klostergründers und Kirchenreformers wurde endlich im Jahre 2004 ein Pilgerweg, die Bonifatius-Route, eingeweiht.

Der altehrwürdige Mainzer Bischofsdom wird von Jürgen als zu dunkel und düster, nahezu gruftig empfunden, erst recht im Vergleich zum jüngeren und hellen Dom zu Fulda. Auch stellt er architektonisch die kirchliche Macht in Zeiten großer Armut und Ungleichheit heraus, interpretiert Jürgen – typisch Jürgen, der alles ganzheitlich betrachtet, Schatten und Glanz zugleich sieht.

In der Tat hat der erste Mainzer Dombaumeister, der bereits erwähnte hl. Willigis, im 10. Jahrhundert mit den ausgreifenden Ausmaßen seines Bauvorhabens sowie mit den mächtigen Eisentüren dem Dom zu Aachen Konkurrenz als Krönungskirche im »Römischen Reich deutscher Nation« machen wollen. Alle damaligen Einwohner von Mainz hätten im Domgebäude Platz gefunden.

Bücher im Mittelalter

Gutenberg, der Erfinder des Buchdrucks, hat mit dem Drucken von Bibeln in Mainz begonnen. Im Römischen Reich war die Alphabetisierung quer durch die Gesellschaft gegeben. Im 4. Jahrhundert nahm diese mit der zusammenbrechenden Militär- und Verwaltungsstruktur, in der viele Schreiber benötigt wurden, wieder ab.

Zur Zeit des 8. Jahrhunderts, in dem Bonifatius lebte, schrieben ausschließlich Ordensleute in den Skriptorien ihrer Klöster Bücher ab. Vornehmlich zwar Bibeltexte in aufwendiger und mühevoller Handarbeit, aber sie erstellten auch medizinische und wirtschaftliche Aufzeichnungen oder der Kommunikation dienende Briefe. Letztere wurden auch von weltlichen Fürsten und Herzögen in Auftrag gegeben. Erst ab dem 12. Jahrhundert wurden außerhalb der Klöster, vor allem im Auftrag reicher Kaufleute, Bücher hergestellt. Der Bedarf an wissenschaftlichen, buchhalterischen, literarischen und anderen weltlichen Texten wie Urkunden und Verträgen war wieder gestiegen.

Gutenberg entschied sich dafür, die lateinische Bibel zu drucken, in Konkurrenz zu den klösterlichen Skriptorien. Es war eben das Buch der Bücher. Fast zweihundert Bibeln druckte er, die nach heutigem Geldwert je Exemplar rund 35.000,- Euro kosteten. Da hatte einer die Rechnung ohne den Wirt gemacht, d.h. es fehlten genügend zahlungskräftige interessierte Kunden. Damit war die Insolvenz der Druckerei besiegelt. Die Konkursmasse wurde verkauft. Heute sind noch vierzig Bibeln qualitativ gut erhalten – also fast für die Ewigkeit gedruckt!

Startschwierigkeiten

Im nahegelegenen Drogeriemarkt kaufen die beiden Pilger Vaseline als vorbeugende Maßnahme gegen Blasen an den Füßen und als Energiereserve getrocknete Aprikosen und Studentenfutter.

Bestens gerüstet brechen sie auf und finden nicht den passenden Weg aus der Stadt. Sie finden zwar auf Anhieb den Leichhof (früher Domfriedhof) und die Johanniskirche, von der die Route laut Karte losgehen sollte. Allerdings hilft das nicht viel für die eigentliche Marschrichtung: Eine große Baustelle um die Kirche herum erschwert die Orientierung, 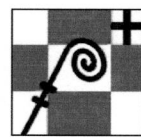 da alle Hinweisschilder der Wanderwege verdeckt sind. Die Pilgerstrecke ist mit einem großen roten und einem kleinen schwarzen Kreuz markiert, unterlegt mit einem schwarzen Bischofsstab – so steht's im Reiseführer.

Bei den Renovierungsarbeiten der Johanniskirche wurde ein sensationeller Fund gemacht. Dieser verursacht jetzt diese intensiven Ausgrabungen und weitläufigen Absperrungen. Unter dem Gebäude wurden Reste einer der ältesten Kirchen nördlich der Alpen gefunden – eine Kirche, in der vielleicht schon Bonifatius wirkte.

Wenn eine Pilgerreise damit anfängt, dass man erst den Startpunkt nicht findet und dann überraschenderweise damit belohnt wird, steinerne Zeitzeugen zu finden, so ist das ein schönes Zeichen, nur eben nicht zielführend.

»Die Bonifatius-Route?«

Passanten antworten: »Nie gehört.«

Zufällig landen die beiden Ahnungslosen in einer Kirche, die St. Bonifaz heißt, weil eine Passantin meinte:

»Na – diese Kirche müsste doch auf Ihrer Route liegen – bei dem Namen!«

Nein – liegt sie nicht – egal – erstmal in die Kirche geschaut: hübsch und hell. Sie verlagern die Befragung von Passanten auf:

»Wo geht's zum Rhein bitte?«

Tatsächlich: die grobe Richtung muss stimmen. Das erste Symbol der Bonifatius-Route taucht auf.

Sie kennen nun die Richtung hinaus aus der Stadt, vorbei am Gutenberg-Denkmal vor dem Staatstheater und – ein Eiscafé! Ein willkommener Halt noch vor der ersten Etappe des Pilgerweges, um sich körperlich zu stärken und um mental einen Schnitt zum bisherigen Alltag zu machen. Der erste Schritt ist bekanntlich der schwerste. Beide kommen ins Plaudern, vergessen fast ihren strammen Zeitplan.

»Ach, das hast du so in den letzten zwanzig Jahren erlebt?«

Der Austausch der Lebensläufe im Zeitraffer befriedigt vor allem die Neugier, aber der endgültige Abschied in den Aufbruch ist nicht zu vermeiden.

Und der nun beschrittene Weg geht tatsächlich durch – wohlgemerkt durch – die Rheingoldhalle zum Rheinufer und damit zur Brücke über den Rhein nach Wiesbaden. So steht es auch im Routenführer, den sie ab jetzt auch zu verstehen glauben und durch das Routensymbol bestätigt finden.

Nunmehr ist die Landesgrenze überschritten, der Boden unter den Füßen hessisch. Das Aufatmen ist von kurzer Dauer. Auf der anderen Rheinseite ist das Bonifatius-Wegzeichen nicht mehr zu sehen.

Zwei Polizisten zu Fuß auf Streife wissen auch nicht weiter. Renate erteilt ihnen ungefragt eine Kurzinformation über Bonifatius' Lebensweg. Sie bedanken sich freundlich und meinen ungläubig:

»Also – nach Fulda? Ja? …«

Arm nach Nord-Osten ausgestreckt: »Da lang.«

Die grobe Richtung stimmt wieder. Kurz darauf – und das bleibt Gottseidank bis nach Fulda auch weitgehend so – taucht das rote Bonifatiuszeichen mit dem Hirtenstab an vielen Stellen zuverlässig auf.

Vorbei an der alten Reduit-Kaserne, am Rhein entlang, lässt sich wunderbar zurück auf Mainz blicken und über den holprigen Start lamentieren.

Die alte Festungsanlage war übrigens seit dem Dreißigjährigen Krieg bis 1918 in Betrieb. Über eine blaue eiserne Brücke geht's durch bebautes Gebiet auf die sogenannte »Maaraue«, die die Südspitze der Mainmündung in den Rhein mit einem ehemaligen Floßhafen markiert.

St. Peter und Paul

Puh – die Temperaturen sind hochsommerlich, kein Schatten, falsche Kleidung! Kurzerhand unter einer Fußgängerbrücke im Baumschatten die langen Hosen runter und in den roten Rock bzw. in die kurze Bux' gesprungen. Leicht gestärkt und passend gekleidet gehen sie langsam ins schnellere Pilgertempo über, entlang des Mainufers durch grüne Weinberge, auch »Wingerte« genannt.

Laut Überlieferung wurde der Leichnam des Bonifatius von Mainz weiter per Schiff bis hierher verbracht, um ab jetzt den beschwerlichen Landweg zu nehmen.

Bei Hochheim machen die Pilger einen weiteren Halt in der Kirche St. Peter und Paul, die bedingt durch die exponierte Lage ein Blickfang ist. Innen ist sie bayrisch anmutend im Spätbarock ausgemalt. Im Sitzen bestaunen beide das harmonische Ensemble der Fresken und Skulpturen – Form und Farbe ergänzen sich. Sie stiften beim Anblick Ruhe in den Augen des Betrachters. Selbst fremde Kirchen sind nie ganz fremd – bestimmte Elemente haben hohen Wiedererkennungswert.

Entspannt und abgekühlt treten die Pilger ihren Weiterweg an. Es kann jetzt nur nach unten weiter gehen, denken sie. Dort vermuten sie Hochheim. Erst ganz unten an der Bahnstation wird klar, dass irgendwas nicht mit dem Weg stimmt. Was »Hochheim« heißt, kann ja auch nicht »tief« liegen. Vermutungen sind zuweilen echte Zumutungen!

Pfarrkirche St. Peter und Paul, Hochheim

Da treffen sie auf eine freundliche Radfahrerin, auf ihrem Heimweg von der Arbeit.

»Nö - Hochheim liegt weiter oben, noch hinter der Kirche.«

Die radelnde Einheimische kann den genauen Weg bis zum Hotel beschreiben: Also wieder den Berg hinauf, rechts vorbei an der Kirche, kurz durchs Feld, in den Ortskern, über den Markplatz und links zum Hotel. Das erste Etappenziel ist geschafft!

Quasi eine Aufwärmetappe, aber dass höchstens fünfzehn Kilometer am Main entlang zu pilgern so erschöpfen können! Das wohlverdiente Abendessen gibt es mit einem lauen Sommerlüftchen auf der Terrasse des Gasthauses am Marktplatz. Zum Dessert gibt es ein Eis unter der schattigen Dorflinde. Mensch, dass einem so viel Gutes widerfährt … das kann ja heiter werden.

Wallfahrtslied: Psalm 120

Hilferuf gegen Verleumder

1 Ein Wallfahrtslied. Ich rufe zu dem HERRN in meiner Not und er erhört mich.

2 HERR, errette mich von den Lügenmäulern, von den falschen Zungen.

3 Was soll er dir antun, du falsche Zunge, und was dir noch geben?

4 Scharfe Pfeile eines Starken und feurige Kohlen!

5 Weh mir, dass ich ein Fremdling bin unter Meschech; ich muss wohnen bei den Zelten Kedars!

6 Es wird meiner Seele lang, zu wohnen bei denen, die den Frieden hassen.

7 Ich halte Frieden; aber wenn ich rede, so fangen sie Krieg an.

Lutherbibel, revidiert 2017
© 2016 Deutsche Bibelgesellschaft, Stuttgart

22. Juli 2017
Von Hochheim nach Eschborn

Der Rheingau

»Sonne« hat sie gesagt.

Und an diesem Tag lässt sie es scheinen, und zwar kräftig. Wieder auf Pilgerfüßen und mit Rucksack geht es weiter in den schattenlosen Weinbergen. Hier keltern die Winzer den Wein, den man in England als »Hock« kennt und dessen gesundheitsfördernde Wirkung im angelsächsischen sprichwörtlich ist: »A good hock keeps off the doc«.

Dann im Feld erahnt man ganz hinten im Dunst die Stadt Rüsselsheim, erkennbar am Opel-Werk. Hier wurde Renate 1960 geboren. Als Kind hat sie auf dem gerade geplanten Rüsselsheimer Autobahn-Dreieck gespielt. Die riesigen Sandhaufen der Baustelle waren ein idealer Spielplatz.

In der Luft liegt das penetrante Rauschen der Autobahnen und Flugzeuge des Ballungsraumes um Frankfurt. Die dazugehörigen schädlichen Abgase kann man leicht erahnen.

Was für Gegensätze zu Bonifatius' Zeiten oder gar zu den andächtigen Bestrebungen eines einfachen Pilgers. Während heute im Schnitt rund 220 Menschen auf einem Quadratkilometer wohnen, waren es damals rund zwei Menschen, d.h. 218 Menschen weniger, die einem begegnen könnten.

Schwefelbrunnen

Über gnadenlos besonnte Weinberge geht es über das Dorf Wicker endlich durch kühlen Wald nach Bad Weilbach. Und da steht er: der kühle Brunnen vor dem Tore.

Schwefelquelle in Bad Weilbach

Freudig hinab gelaufen, denn er steht in einer schattigen Senke und verspricht erfrischendes Nass. Doch unerwartet verschlägt ihnen ein übler Schwefelgeruch nach faulen Eiern den Atem. Alles egal – das kühle, reichlich fließende Schwefelwasser über Kopf, Arme und Beine laufen lassen und dabei wonnig leise vor sich hin stöhnen. Was für eine temperierte Wohltat!

Der neugierige Jürgen spricht einen Mann an, der mit zwei Kästen Wasserflaschen eine größere Abfüllaktion vollzieht: »Aha – Sie trinken jeden Tag im Büro drei Liter davon?«

»Ja, ist gesund.«

»Dann arbeiten Sie wohl gern alleine?«, hört Renate aus einiger Entfernung.

Sie muss sich beherrschen, nicht laut loszulachen angesichts der messerscharfen Schlussfolgerung. Denn in der Tat riecht das klare Wasser deutlich nach Schwefel bzw. faulen Eiern. Es ist kaum vorstellbar, dass ein Zimmergenosse solche Gerüche hinnehmen würde. Interessanterweise schmeckt es gut. Renate füllt ihre Wasserflaschen damit auf. Der faulige Schwefelgeruch wird sich jedoch hartnäckig in der Flasche halten, was sich später als unangenehm herausstellt.

Wieder kreuzt die Bonifatius-Route die A3 und auch eine ICE-Strecke. Dann folgen einige mächtige Kiesgruben, die die Landschaft durchgepflügt und nachhaltig verändert haben. Heute ist das Gebiet zwar renaturiert, allerdings hält sich der Eindruck, die Landschaft betrauere ihre »Kies-Zeit« wie Schusswunden. Denn so richtig sind sie noch nicht verheilt.

Oder meint die Bibel das mit: Macht euch die Erde untertan?

Bonifatius-Kapelle

Kurz vor Kriftel verlieren sie das Bonifatius-Zeichen und fragen ein hundeausführendes Paar nach der zielführenden Richtung.

»Sie sind hier ganz richtig. Da geht's gleich zur Bonifatius-Kapelle.«

Die Frau bekommt leuchtende Augen: »Pilgern gehen wollte ich ja auch schon immer mal.«

»Gute Idee!«

Sie sprüht vor Vorfreude, er hingegen weniger, das wird zuhause eine lebhafte Abendunterhaltung geben!

Die Route führt weiter nach Zeilsheim. Dabei werden unvermeidlich wieder einige Autobahnen gequert. So liegt über Stunden hinweg das Zirren in der Luft, das schnell fahrende Autos und Lastwagen, kilometerweit zu hören, erzeugen.

Jürgen hat in Hoechst bei Zeilsheim gearbeitet und plaudert über seine Erfahrungen in der Chemieindustrie. Sie lassen dies Etappenziel hinter sich und gehen auf ruhigeren Pfaden an Ackerland vorbei nach Sulzbach.

Unterwegs blicken sie wiederholt in die weite Landschaft. Eine kurze Rast in einer Eisdiele tut gut, bevor sie in der unerbittlich prallen Sonne kurz vor Eschborn ein kühlendes Arboretum, eine Gehölzsammlung durchlaufen.

Auf einer Fläche von gut 75 ha wachsen sechshundert verschiedene Baum- und Straucharten aus aller Welt, die in verschiedene Herkunftsgebiete eingeteilt sind. In diesen Gebieten sind Bäume und Sträucher so gepflanzt, wie sie als Pflanzengemeinschaft auch in der Natur vorkommen würden. Aber das entgeht den beiden Pilgern völlig; sie laufen zügig und desinteressiert durch die parkähnliche Schönheit.

Herbergssuche

Langsam senkt sich das Himmelslicht etwas tiefer. Es wird schon ziemlich spät für den Zeitplan. Trotzdem pausieren sie in einer Gaststätte am Ortsrand mit dem herrlichen Namen »Ponderosa«.

»Hand in hand we built this land – Bonanza!«, singt Johnny Cash vor dem geistigen Auge von Renate. Ponderosa, Hoss, Pa und Hop Sing – Bonanza war samstags in der Kinderzeit ein Muss. Dabei legt sie sich auf die Bank, schließt die Augen – ja, die Stimme von Pa – sie hört sie ganz deutlich – und sieht die blauen gutmütig-einfältigen Augen von Hoss. Ihre Beine sind sogar zu faul, die Waschräume aufzusuchen.

Jürgen konzentriert sich derweil auf was Trinkbares, bestellt und fragt nach dem günstigsten, d. h. schnellsten Weg zum heutigen Nachtlager »Elas Herberge«. Die junge Bedienung kennt sich nicht aus. Die anderen Gäste sind auch nicht von hier und können ebenfalls nicht helfen.

Also hilf dir selbst, so … ruft Renate mit ihrem Notfallhandy bei den Wirtsleuten an. Es läutet, die richtige Nummer, aber keiner geht ran.

Nach fünf Minuten der ersehnte Rückruf.

»Wo ist Ihre Herberge? Wir sind gerade auf der Ponderosa.«

Kurzes Schweigen, dann so klar, als ob der Gesprächspartner neben ihr stehen würde: »Und wir sind in Dänemark.«

Ups. Ja – es stellt sich heraus, dass die Buchung, siehe E-Mail vom 12.02.2017, unbemerkt storniert wurde. Kurze Panik – keine Dusche, kein Bett? Der Mann am anderen Ende kann die Situation nachvollziehen. Er vermittelt freundlicherweise von Dänemark aus uns eine andere Unterkunft im nahegelegenen Eschborn.

Dort kommen die Pilger erst gegen 20 Uhr sehr erschöpft an.

Abends im Restaurant, an einer Kreuzung mit Straßenbahnschienen, stellt Jürgen fest: »Du haust aber rein!«

»Ja, manchmal – aber nur manchmal muss das sein. Wenn du nicht mehr kannst, reich mir gern deinen Teller – sieht ja lecker aus!«.

Jürgen hat weniger Appetit, dafür mehr Durst. Wie von Ferne aus einem Nebel spürt er, dass sein linker Fuß nicht die Meinung teilt, Pilgern sei etwas Feines. Ja, der erste Schmerz klopft an – sehr leise, aber bestimmt.

Warum in die Ferne schweifen, ...

Sonntagmorgens beim Frühstück plaudert die Wirtin. Sie ist eine vielleicht siebzigjährige Frau mit blond gefärbten, toupierten Haaren und einer sehr schrill-bunten Strickjacke – so ein ganz bestimmter Typ Frau, den jede Party braucht.

Wer pilgert, kann was erzählen. So erzählen sie von der Begegnung am Schwefelbrunnen mit dem im Büro mehrere Liter Schwefelwasser trinkenden Mann. Die Wirtin findet das weder befremdlich noch bemerkenswert und sagt völlig überraschend: »Ich war noch nie in Weilbach am Brunnen.«

»Wie, das ist doch direkt nebenan!«

»Ja, aber sagen Sie mir bitte mal, was ich da soll?«

Irgendwie ist es eine lustige und gleichzeitig sehr traurige Antwort, sehr philosophisch. Die Haltung der Wirtin regt zum Nachdenken an. Ja, ihre Bemerkung lässt aufhorchen. Sie ist nach einem kurzen Austausch persönlicher Erinnerungen und Standpunkte typisch für Anwohner von Sehenswürdigkeiten.

»Ich hatte mal einen Freund, der sagte, wenn er in Paris ist, guckt er extra weg, wenn der Eiffelturm ins Visier kommt.«

Viele Pariser waren noch nie auf dem Eiffelturm oder Kneipenwirte in Manhattan noch nie auf der Freiheitsstatue, wir »Fremden« schon.

Mitten im vertieften Gespräch, das Frühstück gerade beendet, meint die Wirtin: »Haben Sie denn keinen Auftrieb?«.

Erwischt – sofort aufgestanden und wieder auf die Socken bzw. Sohlen gemacht!

Wallfahrtslied: Psalm 121

Der treue Menschenhüter

1 Ein Wallfahrtslied. Ich hebe meine Augen
auf zu den Bergen. Woher kommt mir Hilfe?

2 Meine Hilfe kommt vom HERRN, der Himmel
und Erde gemacht hat.

3 Er wird deinen Fuß nicht gleiten lassen, und
der dich behütet, schläft nicht.

4 Siehe, der Hüter Israels schläft noch
schlummert nicht.

5 Der HERR behütet dich; der HERR ist dein
Schatten über deiner rechten Hand,

6 Dass dich des Tages die Sonne nicht steche
noch der Mond des Nachts.

7 Der HERR behüte dich vor allem Übel, er
behüte deine Seele.

8 Der HERR behüte deinen Ausgang und
Eingang von nun an bis in Ewigkeit!

Lutherbibel, revidiert 2017
© 2016 Deutsche Bibelgesellschaft, Stuttgart

23. Juli 2017
Von Eschborn nach Windecken

Pilgerstempel

Ein Morgen am Sonntag, es ist still und leer auf den Straßen nach Niederursel. In einer Kirche kurz vor Beginn der katholischen Messe erhalten unsere Pilger die Information, dass der Pilgerstempel neben der Eingangstür des Pfarrhauses in einem Holzkästchen befestigt ist. Täglich ein Pilgerstempel ist zu Erinnerungszwecken oder als Beweismittel nützlich, nur gewusst wie. Dieser ist diesmal leicht zu finden. Langsam kehren auch die Lebensgeister wieder zurück, obwohl der Rücken, die Beine und besonders Jürgens Fuß etwas mitreden wollen.

St. Katharinen-Stift

Im St. Katharinen-Stift soll es laut Pilgerführer einen weiteren Pilgerstempel geben. Es handelt sich heute um eine Senioren-Wohnanlage. Im Alltag fragt sich niemand, woher Namen stammen. Auf einem Pilgerweg steigt die Aufmerksamkeit für Zusammenhänge, die sonst unentdeckt bleiben.

Wer war die heilige Katharina? Und was ist »ein Stift«?

Wahrscheinlich gab es keine historische Katharina, die von Rom heiliggesprochen wurde. Trotzdem gibt es eine Heiligen-Vita von einer Katharina. Möglicherweise handelt es sich um eine von Christen ermordete antike Philosophin. Also sind hier Täter und Opfer sogar vertauscht. Aber Stifte haben ihre Namen in der Regel von der Gründerin oder Stifterin, eben einer Frau namens Katharina. Diese hatte ihr Vermögen der Kirche, für ein, wie der Engländer heute sagt, Startup, hinterlassen.

Beispielsweise ist in das Gebäude ein Spital eingezogen. Oder es wurde mit dem Nachlass ein Spital gebaut. Der Name der Stifterin sollte im Gedächtnis bleiben; so war es in der Regel eine Auflage, dass das entsprechende Spital nach der Gönnerin benannt wurde. Das Stiftungs- bzw. Förderwesen war bereits zu Bonifatius' Zeiten präsent und hat sich bis heute gehalten.

Im Heim ist niemand Zuständiges für Pilgerstempel zu finden. Eine offene Tür gibt den Blick auf den Pflegealltag frei – oje. Die noch mobilen Alten sitzen vor dem schmucklosen Heim und rauchen. Sie grüßen freundlich. Das bekanntermaßen schlecht bezahlte Pflegepersonal sitzt abseits an einem seitlichen Eingang, raucht und grüßt auch.

Zwei Seiten einer Realität, im wahrsten Sinne des Wortes. Renate gibt die Suche nach dem Pilgerstempel auf – so wichtig ist der jetzt auch wieder nicht – gedrückte Stimmung.

»Willst du so alt werden?«

»Die Alten warten, dass was passiert und wenn was passiert, dann haben sie es bis zum Abend vergessen.«

Die beiden jungen Alten – Renate und Jürgen – setzen sich auf eine Mauer. Es gibt Eindrücke, die einen umhauen. Und dieser gerade ist einer – Innehalten ist angesagt. Da geht selbst das Laufen nicht.

»Wie war das, als dein Vater starb?«

»Gut. Wir konnten uns in Ruhe verabschieden. Er war dazu bereit.«

»Mein Vater lebt noch und meint von Zeit zu Zeit, er wolle gern neunzig werden.«

»Kommt darauf an, wie, oder?

»Eben – einmal wird der Tag kommen. Dann willst du einfach nicht mehr und sagst: Es reicht.«

»Ob da Körper und Geist gleichgeschaltet sind – also der Körper mitspielt, wenn der Geist beschließt: Es reicht?«

»Ja, der Körper führt auch ein Eigenleben, kann schön, kann schaurig sein.«

Weiter geht's, s'muss.

Campus Riedberg

Der neue Campus der Frankfurter Universität liegt auf dem Riedberg. Ja – die Studentenzeit – da gibt's ja einiges zu erzählen – oder besser nicht.

Diese modernen Wissenschaftstempel sehen oft sehr schick, aber steril aus. Wie hängen Denken und die äußeren Umstände des Denkens samt zugewiesener Architektur zusammen?

Es folgt eine ebenso sterile wie skurrile Wohnsiedlung mit einer pflegeleichten Grünfläche. Sie wird, aus Sicht der Pilger unangemessen, als Park bezeichnet, obendrein als »Bonifatiuspark«. Hat er das verdient?

Es ist eine völlig uninspiriert gestaltete Rasenfläche mit Bäumen, in Linie aufgestellt wie Soldaten zur Schlacht. Also, fröhlich oder einladend macht der Blick auf diesen Park nicht. Wo ist da die Lebensqualität der Moderne? Unfassbar – das beauftragte Architektenbüro gewann in den neunziger Jahren einen internationalen Wettbewerb zur Gestaltung dieser Grünfläche am Riedberg. In dessen Mitte ist ein schmuckloser Brunnen, der die Stelle bezeichnet, wo der Bonifatius-Leichenzug das Nachtlager aufgeschlagen haben soll. Wenn die Begleiter des damaligen Leichenzuges wüssten, wie es heute hier aussieht – was würden sie wohl denken?

Die Bonifatiuskirche in Bonames

Gegen Mittag erreichen sie Bonames. Ein bis 1992 großer amerikanischer Militärflugplatz erinnert an die Nach-Diktaturzeit und an die eine oder andere Erzählung der Eltern aus jener Vergangenheit: die Schokolade, die die Amerikaner verteilten, die Panzer, die die Straßen verstopften, die amerikanischen Fußballschuhe, die die einzigen Schuhe waren, in denen die Füße warm und trocken blieben etc. pp..

»Komm, wir biegen mal ab zur Bonifatiuskirche«, schlägt Jürgen vor. Sie folgen einem kleinen Hinweisschild. Es handelt sich um die einzige

Kirche auf der gesamten Strecke mit dem Namen des Heiligen. Bedeutet das etwa, dass es mit der Anbetung dieses Heiligen in der Volksfrömmigkeit doch nicht so weit her ist?

Naja – es gilt zu bedenken, dass in einem protestantisch geprägten Gebiet der Heiligenkult nicht existent ist. Der Weg führt durch enge winkelige Gassen mit typisch mittelalterlichen Strukturen.

»Ich hätt' Lust auf'n Kaffee und es sieht so aus, als ginge es da in den Ortskern.«

»Ja«, willigt Renate ein.

Pilgern zu zweit bedeutet, sich immer wieder aufeinander einzustellen und gegenseitig »einzuwilligen«, was der andere vorschlägt oder gerade braucht. Bei Kaffee ist das noch einfach und schnell. Eine Gemeinschaft, die ständig gemeinsam unterwegs ist und sich kaum Auszeit voneinander nimmt, kann sich keinen Streit oder eine Entzweiung leisten. Gegenseitig »einzuwilligen« sollte möglichst zielführend sein, dem Pilgern und dem Zusammenhalt dienen.

Nach den engen Gassen, nur für Fußgänger, kommen sie wieder auf eine größere Straße. Direkt gegenüber sehen sie ein Café; von einer Kirche, wegen dem Pilgerstempel, allerdings keine Spur.

»Da!«

Jürgen hat sie entdeckt. Bonifatius hat seine Kirche hier gut versteckt.

»Ich geh mal zur Kirche, und du, lieber Jürgen, kannst ja Kaffee und paar Weggen besorgen.«

Weggen, kurz erklärt, sind weiche Hefebrötchen oder auch »Milchbrötchen«. Es ist schön, »Heimat-Worte« ganz nebenbei im Gespräch zu benutzen, ohne sie erklären zu müssen. Sprache hat viel mit Heimat zu tun und kann Nähe und Intimität herstellen.

»Einem Hessen höre ich ganz anders zu als einem Nicht-Hessen – auch ungerecht, oder?«, merkt Renate, der im Ruhrgebiet selten Hessen begegnen, die noch Dialekt sprechen können.

Vor der Eingangstür der Kirche steht ein Geistlicher mit drei alten

Frauen, die gerade die Kirchentür von außen verschließen und wegge-
hen wollen.

»Oh – Sie sind schon fertig?«

»Nein, wir haben gerade gedacht, da kommt bestimmt noch eine
bunte Pilgerin – wir haben nur auf Sie gewartet.« Humor im schwarzen
Rock, sympathisch!

Ja, Renates roter Rock samt pinken T-Shirt sind in der Tat ein »bun-
ter Auftritt«.

 »Sie wollen bestimmt den Pilgerstempel?«

»Ja, auch – würde mir gern die Kirche anschauen.«

»Ja, gerne«, und zu den Frauen, »Ich komm gleich nach.«

»Ich lass die Kirche auf, dann können Sie sich mit Ihrem Begleiter in
Ruhe alles anschauen – ich schließ später wieder zu. Ich bin der Diakon
hier.«

Jürgen ist derweil vom Café mit nur zwei Schokobrötchen zurück,
ohne heißersehnten Kaffee.

»Die Kaffeemaschine ist kaputt!«

»Schade, wir Pilger sollten wohl nicht verwöhnt werden.«

Beide betreten die moderne Kirche mit einem sehr eigenen Charme,
den gerade diese »Zweckbauten« der sechziger Jahre ausstrahlen können. Es war ein zweckmäßig denkendes Nachkriegsjahrzehnt nach all
den Zerstörungen. Vielleicht von diesem ungewöhnlichen Interesse an
»Zweck-Architektur« angerührt, erzählt der sympathische Hausherr
die Geschichte dieser doch ungewöhnlichen Kirche.

Katholische Kirchen wie diese gebe es hier erst seit den Gebiets-
verlusten durch den Krieg, aus denen Flüchtlinge und Vertriebene mit
katholischem Glauben hier eine neue Heimat fanden. Zunächst wurde eher provisorisch die noch erhaltene Holzkirche gebaut, ein interessantes Oktogon mit einer Skelettstruktur. In den sechziger Jahren
folgte dann die heutige Bonifatius-Kirche aus Stein. Das Holzoktogon
diente als Pfarrheim und ist leider wegen Einsturzgefahr ganz geschlossen. Jetzt müsse die »neue« Kirche bald schließen, da es zu weni-

ge aktive Gläubige gibt. Sie feierten oft mit der evangelischen Gemeinde zusammen – die Umstrukturierung habe hier erst begonnen.

Jürgen geht gerne der Sprache auf den Grund und zum Schluss erfahren die beiden noch, woher die Ortsbezeichnung »Bonames« stammt: Zur Zeit der römischen Legionäre haben diese hier auf dem Weg vom Rhein zur Kaserne, der heutigen Saalburg, Rast gemacht. »Bon-amees« – so die hessische Aussprache dieses Namens - war also eine Verpflegungsstation der Römer. Das Wort selbst könnte aus dem lateinischen entlehnt sein und darüber hinaus auf einen besonders guten Prediger hinweisen (»bona missa«) oder einen guten Rastplatz (»bona mansio«) oder eben auf einen gut gedeckten Tisch (»bona mensa«), für hungrige Soldaten.

Es geht weiter durch dicht besiedeltes Gebiet, meist auf asphaltierten, harten Wegen. Sie sind auf Dauer viel beschwerlicher zu gehen als naturnahe Feld- und Waldwege. Über Harheim und Niedererlenbach geht's entlang der vielen Fachwerkhäuser zu einer kurzen Trinkpause an einem außenliegenden Obsthof. Es handelt sich um einen großen Obstanbau-Betrieb, der heute zu einem öffentlichen Familientag eingeladen hat. Die Sonne brennt und der Durst auch. In einer dunklen und somit gefühlt zwei Grad kühleren Scheune gibt es Schorle. Jetzt die Beine hochgelegt und die Rast genießen – leichte Erschöpfung und Mittagsdumpfheit machen sich breit. Renate setzt sich ihre Sonnenbrille auf für die Siesta. Sonnenbrillen »kühlen« mindestens um zwei Grad, bildet sie sich ein – sagt es und lacht.

Dörtelweil

Ein letztes Mal auf dieser Route queren sie eine Autobahn, die A 66. Es reicht jetzt auch mit den Autobahnen und dem Großstadt-Einzugsgebiets-Gedöns. Betonstrukturen stehen in einem interessanten Spannungsverhältnis zu den zahlreichen mehrere hundert Jahre alten und gut instandgesetzten mehrstöckigen Fachwerkhäusern.

Wie sah es wohl hier vor rund 1300 Jahren zur Zeit des Bonifatius aus? Wahrscheinlich nutzte der Leichenzug, zunächst vielleicht bis Bonames, überwiegend Straßen, die die Römer hinterlassen haben. Später wechselten sie möglicherweise auf Verbindungswege zwischen entlegenen Dörfern und Wäldern, die für langsame Ochsengespanne gebaut wurden. Größere Handelsrouten von Ost nach West wurden vermieden, da sich dort zu viel Volk aufhielt, das dem berühmten Leichenzug und seinen gut ausgestatteten Begleitern nicht zuträglich gewesen wäre. Da hatte es der Leichenzug nicht so leicht mit schnellem Durchkommen.

Hinter Dörtelweil beginnt die Wetterau, die Kornkammer Hessens. Die Brombeeren sind reif und süß, eine willkommene Stärkung für Jürgen. Die Landschaft wird hügeliger, mehr Wiesen, mehr Schatten und weniger dicht besiedelt, weniger versiegelt. Die Frankfurter Skyline verabschiedet sich langsam. Ein Blick fällt hinter die beiden Pilger zurück auf den Taunus am Horizont.

In der Wetterau

Bei Dörtelweil gab es früher ein Kiesgrubengebiet, das sich in der Renaturierung befindet. Dies sind Landschaften, die übernutzt und wie »angeschossen« anmuten. Sie murmeln sich von Krater zu Krater zu: »Es tut zwar nicht mehr so weh, aber schön ist immer noch anders.« Dann steigt der Weg an – endlich Wald und Schatten. Den Rosenhang, eine kleine botanische Attraktion, lassen sie links liegen. Renate möchte sich in Anbetracht der Hitze nicht die Gesellschaft unter ihresgleichen zumuten. Jürgen trägt die Entscheidung mit Leichtigkeit mit. So ein Wald ist doch angenehm kühler temperiert für flotte Pilger. Auch das Fehlen des gleißenden Sonnenlichts, trotz Sonnenbrille, entlastet.

Die ehemalige Römerstraße ist leider nicht so ausgeschildert, dass etwaige Umwege ausgeschlossen werden können. Nördlich von Karben läuft es sich leicht durch lichten Wald. Sie laufen und gehen und plaudern und schwätzen und grüßen die vielen Hundebesitzer, die ihre kleinen Runden drehen. Für Jürgen ein sinnentleertes Unterfangen im Vergleich zum Pilgern.

»Da war aber jetzt schon lang kein Bonifatius-Schild mehr …«

»Stimmt. Hm.«

»Haben wir uns verlaufen?«

»Sieht so aus.«

»Fragen wir mal die Nächsten nach dem Weg.«

Auch hier kennen die Leute den Pilgerpfad nicht und geben den Tipp, zur S-Bahn zu gehen. Sie finden leicht zu der unweiten S-Bahn-Station bei Büdesheim. So endet gegen 19 Uhr dieser erhellende Fußmarsch.

In Windecken, dem heutigen Tagesziel, steigen sie aus und finden schnell ins Zentrum der Kleinstadt. Immer den Geräuschen nach durch eine mittelalterliche Toreinfahrt. Remmidemmi auf dem Marktplatz – offensichtlich gibt es etwas zu feiern. Die Schlagermusik ist laut, die Menschen noch lauter, das Bier fließt und die heißen Grillkohlen versprühen den Duft von Bratwurst. Nur Renate und Jürgen sind noch rastlos auf der Suche nach der Herberge. Es wird langsam dunkel.

Landgasthof Carolus

Sie finden den Landgasthof Carolus, so nannte man Karl den Großen auf lateinisch, für die Übernachtung. Dabei handelt es sich um ein sehr altes Fachwerkhaus, mit sehr engem altem Treppenhaus bis in den zweiten Stock, das genauso alt riecht, wie Sie sich das jetzt vorstellen. Die dunkelbraun getäfelten Zimmer erzählen von vergangenen abgestandenen Freuden. Nach der Dusche ist es auch schon dunkel draußen. Das Volksfest ist zu Ende und wird abgebaut. Es ist spät und die Mägen verlangen nach Leckerem. Im Restaurant ist es leer; die Augen des Wirtes auch. Sie erzählen von Erschöpfung und einem guten Geschäftstag.

»Haben Sie noch etwas zum Essen«.

»Oh – das tut mir leid, der Herd ist kaputt. Aber ich kann in der Mikrowelle noch Reste von Servietten-Knödel und etwas Wildragout warm machen.«

Die ausgehungerten Wanderer bitten darum und lesen in der Karte, dass es böhmisches Bier gibt – im Tonkrug, was sie passend zum Essen bestellen.

Nicht nur das, sondern auch der Zungenschlag des Wirts und die Poster an den Wänden dieses mit Weinlaub bedachten Innenhofs lassen auf eine tschechische Herkunft schließen. Renate glaubt die Rede vom kaputten Herd nicht – etwa, weil es ein Böhme sagt – und die sind doch alle so wie der Schelm und brave Soldat Schweijk? Gleichzeitig ist angesichts der Tagesanstrengung infolge des Volksfestes verständlich, den Aufwand zu so später Stunde gering zu halten.

 Der Wirt bringt kühles, wohlschmeckendes Bier und die aufgewärmten Speisen. Auf den leeren Magen gezischt, entfaltet das böhmische Bier das, was es soll: es erzeugt eine dumpfe, aber nicht unangenehme Biertrunkenheit. Die Servietten-Knödel lassen bei Renate weichgezeichnete Erinnerungen an österreichische Tischgemeinschaften aufkommen und bei Jürgen die Essgewohnheiten seiner Nachbarn, die einst aus dem böhmischen Pilsen fliehen mussten. Das der Jahres- und Tageszeit völlig unangemessene schwere Essen schmeckt wie eine Himmelsgabe.

Die Stimmung flirrt – Denken klirrt - »Wohlsein« – dumpfer Klingklang der Tonkrüge. Jürgen fragt den Wirt, wie es dazu kommt, mitten in Hessen böhmisches Bier zu bekommen. Der Wirt setzt sich zu uns und fängt zu an erzählen:

»Ich komme aus Prag. Vor über zwanzig Jahren war der Staat so korrupt, dass ich als Wirtschaftsprüfer es einfach leid war. Ich wanderte mit meiner Frau nach Deutschland aus. Wir machten hier dieses Lokal auf. Wir mussten viel arbeiten und investieren. Die Ehe hat das leider nicht ausgehalten.«

Es beginnt, leise von oben zu tröpfeln, aber das Weinlaub schützt davor, völlig nass zu werden. Er erzählt weiter und die Worte tanzen in der Luft. Jeder weiß genau, was die Worte bedeuten, ohne sie richtig zu hören. Die Grenzen zwischen den Begriffen »Exil« und »Einwanderung« beginnen zu verschwimmen – Nebel.

»Jetzt aber ins Bett. Morgen früh ist die Nacht rum und wir müssen weiter. Herzlichen Dank für diesen wunderbaren Abend, Herr Carolus.«

Auf der verwinkelten Treppe hinkt Jürgen ein kleines bisschen, hoffentlich nicht bald hinterher …

Wallfahrtslied: Psalm 124

Israels Dank für die Befreiung

1 Ein Wallfahrtslied. Von David. Wäre es nicht der HERR gewesen, der da war für uns, – so soll Israel sagen –,

2 Wäre es nicht der HERR gewesen, der da war für uns, als sich gegen uns Menschen erhoben, 3 dann hätten sie uns lebendig verschlungen, als gegen uns ihr Zorn entbrannte,

4 dann hätten die Wasser uns weggespült, hätte sich über uns ein Wildbach ergossen,

5 dann hätten sich über uns ergossen die wilden und wogenden Wasser.

6 Der HERR sei gepriesen, der uns ihren Zähnen nicht zur Beute gab.

7 Unsre Seele ist wie ein Vogel dem Netz des Jägers entkommen; das Netz ist zerrissen und wir sind frei.

8 Unsere Hilfe ist im Namen des HERRN, der Himmel und Erde erschaffen hat.

Einheitsübersetzung der Heiligen Schrift,
vollständig durchgesehene und überarbeitete Ausgabe
© 2016 Katholische Bibelanstalt, Stuttgart.

II. Bonifatius, der Benediktiner und Missionar

Die Jugendzeit – benediktinisch geprägt

Bonifatius wurde in Wessex in der Zeit um 672 und 675 geboren und auf den Namen Wynfreth getauft, was im Keltischen so viel wie Freude und Freund des Friedens bedeutet. Wessex heißt übersetzt »Westsachsen«. Dies deutet daraufhin, dass seine Eltern oder weitere Vorfahren möglicherweise Auswanderer aus Sachsen waren. Wessex war voller magischer Orte, in der Keltentum und Christentum aufeinandertrafen.

Die Priester und Mönche zu dieser Zeit hatten die Aufgabe, zu den Menschen auf die Höfe zu gehen und in die Häuser. Diese Begegnungen könnten erklären, wieso sowohl die Eltern als auch Wynfreth Mönchen gegenüber sehr aufgeschlossen waren. Seine Eltern brachten ihn bereits im Kindesalter in ein Kloster in Exeter, in dem er von Benediktinern erzogen wurde. Er erhielt eine umfassende Ausbildung, lernte Latein und zeigte sich als sehr sprachbegabt. Offensichtlich war er ein lernwilliger und intelligenter Junge, der bald in ein größeres Kloster des Benediktinerordens in Nursling zum Studium geschickt wurde.

Der Lehrer, Ordensmann und Vermittler

Wynfreth wurde im Alter von dreißig Jahren zum Priester geweiht und entwickelte sich zu einem der angesehensten Gelehrten seiner Zeit in England. Sein Vorbild soll Papst Gregor I. (590 – 604) gewesen sein. Dieser gründete vier Benediktiner-Klöster und hatte sich Verdienste in Liturgie und Exegese erworben, wobei er sich einer einfachen klaren Sprache bediente. Wynfreth schrieb Gedichte in Versform und tat sich als Sprachschöpfer hervor. Wahrscheinlich konnte er griechisch zumindest verstehen. Das half, die Bibel in verschiedene germanische Sprachen, die er mühelos beherrschte, zu übersetzen und auszulegen.

Er unterhielt engen Kontakt zu Frauenklöstern und legte Wert auf die Bildung dort. Frauen als Lehrerinnen einzusetzen war ein erklärtes Ziel, das sich Wynfreth auf die Fahne geschrieben hatte. Großen Wert legte er auf das tägliche Studium der Heiligen Schrift, die er streckenweise auswendig lernte. Er war wie magisch angezogen von Bibeltexten und suchte offensichtlich immer aufs Neue frischen Zugang.

Zeitlebens führte er auf Reisen – und in gewisser Hinsicht pilgerte er sein Leben lang – sozusagen einen Bücherbus mit einer Bibliothek von immerhin dreißig Büchern mit sich. In den Skriptorien seiner Klöster und Neugründungen hatte er diese Bücher in großer Zahl abschreiben lassen: Beichtspiegel, Lehrbücher, Psalterbücher, Lektionare und Messbücher. Oder er hatte einige Bücher von unschätzbarem Wert direkt aus seiner angelsächsischen Heimat erbeten.

Als angesehener Lehrer und wortgewandter Priester zeigte er bereits als junger Mann Verhandlungsgeschick in kirchenpolitischen Angelegenheiten.

Erster überstürzter Aufbruch nach Friesland

Obwohl Wynfreth einer großen Karriere als Ordensmann, Gelehrter und möglicherweise Kirchenpolitiker entgegensah, entschloss er sich im Alter von vierzig Jahren dazu, begleitet von zwei Mit-Brüdern, auf dem Festland zu missionieren. Hatte er Fernweh oder »Heimweh« nach Sachsen, seinen Wurzeln? Vielleicht war er das Klosterleben auch satt? Vielleicht befriedigten ihn seine theoretischen Exegesen nicht mehr? Oder es gab Unstimmigkeiten im Kloster? Die Hintergründe für seinen fast überstürzt wirkenden Aufbruch sind nicht bekannt.

Im Jahre 716 setzte die kleine Gruppe nach Friesland über und traf in Utrecht den »hartnäckigen Heiden« und Friesenkönig Radbod.

Dieser hatte 714 erfolgreich die fränkische Besetzung seines Landes aufgehoben. Der Erzbischof von Utrecht, der Angelsachse Willibrord, (658–739) war nach Kloster Echternach bei Trier geflohen, das er selbst als Missionsstützpunkt und Rückzugsort Jahre zuvor gegründet hatte. Radbod sah im Christentum vor allem die Religion seiner fränkischen Feinde Und seine Taufe käme einer Unterwerfung unter fränkische Herrschaft gleich. Diesen Sachverhalt und seine Tragweite erfassend, kehrte Wynfreth ins Kloster Nursling zurück.

Als 717 sein Abt Wynberth starb, wurde Wynfreth als Nachfolger bestimmt. Aber dieser äußerte bereits zum Zeitpunkt seiner Wahl zum Abt andere Lebenspläne.

Die erste Reise nach Rom und ein neuer Name

Schon im Herbst 718 brach Wynfreth zu einer Pilgerreise nach Rom auf. Der Abschied von der Heimat sollte für immer sein. Er meldete sich ordnungsgemäß von seinen Oberen sowie dem Landesfürsten ab. Möglicherweise hatte die Wallfahrt zum Petrusgrab für Wynfreth einen hohen religiösen Stellenwert. Er wollte die Segnung und Sendung des Papstes empfangen. Dafür nahm er einen mindestens 2.000 km langen und beschwerlichen Fußweg in Kauf, der mindestens drei Monate Zeit in Anspruch nahm. Die Via Francigena, der Frankenweg, war ein Wegesystem von Canterbury nach Rom, das sich entlang der Handels – und Militärwege von England nach Rom im Römischen Reich gebildet hatte.

Während des längeren Aufenthaltes in Rom beauftragte ihn Papst Gregor II. (715–731) mit der Heidenmission ohne Nennung eines Gebietes. Möglicherweise war das dem Umstand geschuldet, dass der Papst seinem Schützling größtmöglichen Aktionsspielraum belassen wollte. Ebenso war es der Zeit geschuldet: Es war angesichts der ständigen Gebietseroberungen und – verluste der verfeindeten Feldherren nicht leicht, Gebiete territorialpolitisch eindeutig zu umreißen. Auch soll Wynfreth einen neuen Namen erhalten haben: Bonifatius! Das war der Name des Heiligen des Vortags. Er passt fast zu gut: Der Märtyrer Bonifatius von Tarsus aus dem 4. Jahrhundert hatte als Petrus-Verehrer den gewaltsamen Tod erlitten.

Seine Orientierungsreisen führten ihn im Anschluss seiner Reise nach Bayern, ins Frankenreich und auch nach Friesland. Bonifatius war von 719 bis 721 Willibrords Mitarbeiter, der ihn zu seinem Nachfolger in Utrecht machen wollte. Zwar war Radbod mittlerweile verstorben, aber seine Nachfolger blieben Radbods Politik, die Christianisierung zu verweigern, treu. So schlug Wynfreth das Angebot aus.

Missionsbischof für das hessisch-thüringische Gebiet des Frankenreichs

Im Jahre 721 unternahm Bonifatius seine zweite Reise nach Rom. Papst Gregor II. weihte ihn zum Missionsbischof für Germanien östlich des Rheins ohne festen Sitz. Genauer war damit der hessische-thüringische Teil des Frankenreichs gemeint.

Bonifatius legte den suburbikarischen Bischofseid ab. Eine Bischofsweihe ohne Sitz stellte für die kirchliche Rechtspraxis in Rom eine Herausforderung dar. Sie widersprach der römischen Ordnung, die es geschickt zu umschiffen galt. Demnach band sich Bonifatius als »römischer Bischof« an den Papst und gelobte diesem als Nachfolger des Apostels Petrus Treue. Allerdings versprach er nicht wie die Bischöfe in unmittelbarer Nähe der Stadt Rom dem Kaiser von Byzanz Treue, sondern verpflichtete sich, diejenigen Bischöfe anzuzeigen, die die römische Ordnung nicht anerkannten oder nicht hielten.

Dem Beispiel Columbans folgend reiste Bonifatius wahrscheinlich noch von Rom aus direkt weiter nach Paris. Er erbat den Schutzbrief von Karl Martell, dem erfolgreichen fränkischen Hausmeier, zur Mission in Hessen und Thüringen. Gleichzeitig machte dieser wahrscheinlich Bonifatius klar, dass er keine Einmischung in »seine« fränkische iroschottisch geprägte Landeskirche dulde. Weiteren Rückhalt für seine Mission erhielt Bonifatius über einen steten Briefwechsel nach England, von wo er weitere Mitarbeiter sowie Bücher erbat und erhielt.

Als Standort errichtete Bonifatius unterhalb der Burg Amöneburg in der Nähe des heutigen Marburgs eine kleine Klosterzelle und Kirche.

Fällung der Donar-Eiche bei Geismar

Möglicherweise fühlte sich Bonifatius durch den Martellschen Schutzbrief ermutigt, ein Heiligtum der Chatten demonstrativ zu zerstören. Weitere Zerstörungen seitens Bonifatius sind nicht überliefert.

Unter dem Schutz fränkischer Soldaten fällte er bei Geismar/Fritzlar im heutigen Hessen um 723 demonstrativ vor großem Publikum einen heiligen Baum der ansässigen Chatten. In der Nähe des Tatorts gründete Bonifatius das Kloster Fritzlar und ernannte den Angelsachsen Wigbert zum Abt des Benediktinerklosters. Danach ging Bonifatius nach Thürigen. Dort arbeitete er ungefähr von 725 bis 735 und gründete das Kloster Ohrdruf bei Gotha.

Beispielhafte Missionspredigt im 8. Jahrhundert

Wie können wir uns die Missionspredigten des Bonifatius vorstellen? Leider gibt es keine schriftlichen Zeugnisse von Bonifatius, die den Echtheitsüberprüfungen standgehalten haben. Dennoch können wesentliche Elemente der Missionspredigten zur damaligen Zeit aus anderen Quellen herausgefiltert werden. Zunächst galt es, die heidnische Götterwelt mit dem einen Gott und Schöpfer der Welt, Herrn und Richter zu kontrastieren und am Ende der Predigt konkret zum Religionsübertritt, d.h.

zur Taufe aufzurufen und sie am besten auch gleich durchzuführen.

Die heidnischen Götter wurden von ihren Anhängern vor allem als stark und helfend in kriegerischen Auseinandersetzungen geschätzt. Sie hatten also vor allem einen konkret praktischen Nutzen, insbesondere als Schutz vor weiteren übernatürlichen Wesen wie Riesen und Unholden. Übrigens sind die Christusdarstellungen aus dieser Zeit als triumphierender Weltenherrscher oder Kriegsgott genau aus diesen Gründen erklärbar. Und das Fällen der Donar-Eiche war eine entsprechend ausgelegte Machtdemonstration, da eben Taten mehr beeindrucken als Worte.

Die heidnischen Religionen per se in Grund und Boden zu stampfen hatte den Nachteil, dass dann der Ahnenkult unterbrochen gewesen wäre. Und der Bruch mit den Ahnen wäre ein Grund gewesen, auf keinen Fall sich voll und ganz zu Christus zu bekennen. Also musste dahingehend behutsam vorgegangen werden und vor allem die Sinnlosigkeit des Opferns herausgestellt werden. Statt Opfer sollten gute Taten auf Erden für reiche Belohnung im Himmel sorgen. Die Auferstehungstheologie bot die Möglichkeit, an den Ahnenkult der Nicht-Christen anzuknüpfen. So wurde der Dialog mit den Verstorbenen nicht beendet und das Jenseits ins Diesseits geholt. Alle positiven göttlichen Eigenschaften der paganen Welt mussten auf den einen christlichen Gott konzentriert werden. Dieser Gott der Liebe erlaubt, zumal er Mensch geworden war, eine persönliche Beziehung, was etwas völlig Neues darstellte. Im Kern konnte die Mission in dieser Zeit auf die reichhaltigen Erfahrungen in den ersten Jahrhunderten als christliche Untergrundsekte zurückgreifen.

Der Theologe Fabian Vogt hat daraus in einem seiner Bücher eine beispielhafte Predigt geschrieben, die wir hier verkürzt mit freundlicher Genehmigung des Autors wiedergeben:

»Hört ihr Hessen! Hört mir zu! Ihr betet in den Hainen und an den Quellen und Bächen um den Schutz eurer Götzen. Ihr zieht breite Furchen um eure Dörfer, um die Unholde abzuwehren. Ihr habt Angst, große Angst. So schnitzt ihr euch Hände und Füße aus Holz und lasst laute Hörner erschallen, um das Böse zu vertreiben. Ihr tragt Amulette, um euch sicher zu fühlen. Ja, ihr deutet die Zukunft aus toten Pferden und Stäben mit Runen. Und ihr versucht sogar, mit verschiedenen Zaubertränken das Wetter zu ändern. Aber hilft das, die Götter zu besänftigen und das Böse abzuwehren?

O nein! Nichts nutzt es.

Ist euch denn nicht gewahr geworden, dass eure Götzen Eltern haben? So wie ihr? Woher soll denn da Macht kommen? Eure Götzen sind nicht der Anfang der Welt. Sie sind nicht der Ursprung. Sie sind selbst erschaffen worden. Es muss also eine viel größere mächtigere Macht geben! Ist euch denn nie in den Sinn gekommen, wer das alles erschaffen hat – die Welt – eure Götzen – euch selbst und alles, was ihr seht und um euch ist? Na – wer hat das erschaffen? Doch nicht eure Götzen, die wie ihr Eltern haben!

So hört mir genau zu! Ich komme, um euch von dem Gott der Welt zu erzählen. Er ist der Schöpfer aller Dinge und nicht nur das: Er hat die Macht, alles zu besiegen, was euch Angst macht. Er ist der Gott, der größer ist als alle Furcht! Dieser Gott, den ich euch verkündige, war am Anfang und ist am Ende. Er ist stärker als eure Götzen. Er besiegt alle Angst unter den Menschen. Dieser Gott ist der wahre Gott. Der wahre Gott ist der Gott der Christen.

Ihr Hessen! Wollt ihr Beweise? Dann schaut euch doch um! Seht, welch hohes Ansehen die Christen genießen. Ihre Äcker sind fruchtbarer als eure. Sie beherrschen große Länder im Süden, in denen Öl und Wein fließen. Sie sind barmherzig zu den Armen, Kranken, den Witwen und Kindern. Darum haben viele Menschen auf der Welt, viele Germanenvölker um euch herum längst erkannt, dass ihre alten Götzen Nichtsnutze sind, klein und machtlos. Es sind nur noch wenige Stämme wie der eure übrig, die im Irrtum leben und verharren. Folgt dem Beispiel eurer Brüder.

Und jetzt schaut mal mich an: Hier stehe ich vor euch! Frei und un-behelligt! Ich frage euch: Wenn eure Götzen mächtig wären, hätten sie dann nicht mich längst vertrieben, ja herausgefordert? Muss sie mein Tun nicht bis auf's Blut reizen? Ja, aber sie können mir nichts antun – gar nichts. Weil sie machtlos sind, nichts vermögen!

Einst war die Welt wie ihr dem Aberglauben, dem Götzendienst ver-fallen. Jesus Christus, der Sohn Gottes, war ein Mensch wie ihr und ich. Gott ist Mensch geworden, um euch vom Aberglauben zu erlösen und zu heilen. Das haben viele Menschen bereits erkannt. Er ist der Hei-land, der Retter, der Befreier für uns alle. Damit wir keine Angst mehr haben. Auch ihr könnt dieses Heil erlangen.

Laßt euch taufen!«

Gemäß den verschiedenen Hagiographien soll Bonifatius das Taufri-tual so gestaltet haben, dass der Vollzug verinnerlicht werden konnte. Er forderte eine persönliche Absage an die Götterwelt in einem Fra-ge – und Antwortrahmen und kein im Chor gesprochenes Glaubensbe-kenntnis. Natürlich sprach er bei seinen Predigten und Messen in den Landessprachen, was ihm aufgrund seiner germanischen Abstammung leicht gefallen sein dürfte. Das Lateinische pflegte er trotzdem in der Korrespondenz mit den Päpsten und beim täglichen kleinen Bibelstu-dium.

In der Literatur wurden die zu bekehrenden Heiden vielerorts über-zogen in Abgrenzung zu den kultivierten Christen beschrieben. Es ist vergleichbar mit der Schilderung der amerikanischen Indianer im 19. Jahrhundert, die bereits Karl May und James Cooper durchbrochen ha-ben. Allerdings finden sich auch in aktuellen Lebensbeschreibungen des Bonifatius wie der von Kügelgen aus dem Jahr 2019 abwertende Äußerungen wie diese Formulierung: »der Durchschnittsgermane (war) nicht der Typ, der die linke Wange hinhielt, wenn einer ihm gerade auf die rechte geschlagen hatte …«

24.07.2017
Von Windecken nach Düdelsheim

Am Tag, als der Regen kam …

Der Frühstücksraum im Landgasthof »Carolus« ist ebenso wie der Biergarten überladen mit Souvenirs und Antikem aus der tschechisch-böhmischen Heimat des Gastwirts. Es gibt viel zu entdecken. Draußen regnet es so heftig, dass es schwerfällt, zügig aufzubrechen.

»Wat mutt, dat mutt«, weiß der Ruhrgebietler zu sagen.

Kaum auf der Straße, kommt die Sehnsucht nach der tagelang gleißend scheinenden Sonne.

Ach, Herr Carossa, so ernst ist die Lage doch nicht, aber Ihre Worte drängen sich auf:

»Was einer ist, was einer war,

beim Scheiden wird es offenbar,

wir hören's nicht, wenn Gottes Weise summt.

Wir schaudern erst, wenn sie verstummt.«

Sonne ist anstrengend – Regen noch mehr, vor allem wenn man nicht darauf eingestellt ist. Dalida sang 1959 das Lied vom Regen, der heißersehnt, heißerfleht endlich kam für die durstige Natur. Das sind die eleganten Kurven, die die Gehirne von Pilgern nehmen können; wenn diese Bilder sprechen könnten, hätten sie vielleicht Redeverbot …

»Du, ich hab' zwar einen Schirm. Guck mal, einen Knirps. Hab' ich schon mal erzählt, dass meine Tante Hildegard bereits im Jahre 1937 einen Knirps besaß? Egal, meinen hier habe ich aus der U-Bahn auf der Hinfahrt mitgenommen. Er lag verwaist auf einem Sitzplatz. Da hat er auf mich gewartet; konnte ihn ja nicht enttäuschen.«

»Ich hab' keinen Schirm dabei, liegt im Auto; hab' nicht mit so starkem Regen gerechnet. Ein bisschen Wasser von oben zur Kühlung hätte mir nichts ausgemacht, aber sowas. Komm, wir suchen einen Drogeriemarkt, da gibt's bestimmt Schirme.«

»Aber bei dem Bladderregen – ein Regencape wär' besser.«

Jürgen geht mit großen Schritten voran und wird sehr schnell sehr nass. Renate ist mit der guten alten deutschen Knirps-Technik bestens versorgt. Aber bereits nach ca. 200 m wird klar – ein Cape wäre wirklich angenehmer beim Laufen. Immer einen Arm oben zu halten ist anstrengender als vermutet. Wo kaufen? Vergeblich gehofft – nix zu sehen. Das kann doch nicht sein!

Schon wieder suchen …

Sie verlassen die Altstadt und hoffen auf die übliche Super-, Drogerie- und Baumarkt-Trilogie am Stadtrand. Gerade wollen sie mit Lamentieren, ja Klugscheißern beginnen, wie: Das kommt davon, wenn die innerdörfliche Wirtschaftsstruktur zerstört wird etc. pp.. Da tauchen am Horizont die erhofften Konsumtempel im Regennebel auf. Fahrzeuge peitschen durch die hochspritzenden Wasserpfützen, andere Autofahrer weichen vor den Pilgern respektvoll aus.

Sie sind die Einzigen zu Fuß weit und breit und steuern auf einen fast leeren, übergroß wirkenden Parkplatz zu. Der riesige Drogeriemarkt liegt wohl in einem ausgedehnten Einzugsgebiet, bei dem Regen ist der Laden jedoch menschenleer. Eine freundliche Verkäuferin berät Jürgen beim Schirmkauf. Die Frage nach einem Regencape verneint sie.

… und gefunden!

Dann – eine Schrecksekunde auskostend – dann holt sie Luft. Die zwar junge, aber sehr mächtige Regentin über »nass oder nicht nass sein«

setzt ein umwerfendes Lächeln auf und ihre Hände wandern suchend nach unten. Was kommt denn jetzt? Sie zieht die Schublade unter der Kasse auf – es hat etwas von der Nikolaus-Szenerie im Kindergarten – tarahhh! Und: »Immer, immer wieder geht die Sonne auf!«

»Hier bitte – geschenkt – war mal Aktionsware.«

Verblüfft: »Danke!«

Breites Lächeln und erleichterte Freude über zwei dünne Regencapes machen sich breit. Jürgen kauft noch einen Knirps dazu, also nicht das Original, sondern eine »zusammenfaltbare Fälschung«. Aber der Moment verträgt jetzt keine überflüssigen Empfindlichkeiten. Draußen vor der Tür lässt er aufgehen – nein – nicht die Sonne – das wäre jetzt krass, aber zufällig möglich und kein Wunder. Jürgen öffnet den Schirm, schweigt und genießt die zunehmende Trockenheit auf seiner Haut – wahrer Besitzerstolz.

»Spieglein, Spieglein an der Wand: Wer hat den schönsten Schirm im ganzen Land?«

»Du, Renate, aber hinter den Bergen…,« liegt ein weiteres Etappenziel.

Kloster Engelthal

Aber heute gibt es keine Fernsicht mehr. Nur weg von dem nass-glänzendem grau-in-grauen Asphalt, der tristen Urbanität eines verregneten Industriegebietes und hinein in die verhangen grüne Natur. Nur trockener wird es deswegen lange noch nicht. Die Schuhe müssen einiges aushalten, samt der Füße vier.

Die Landschaft zeigt jetzt in frischem Grün ihre typischen Streuobstwiesen, Felder und kleine Wäldchen. Die Pilgerroute verlässt die Rhein-Main-Region endgültig und führt in die weite Ebene der Wetterau. Sie müssen eine vielbefahrene Straße kreuzen. Sicher sind sie nicht mehr bei der Wegwahl. Es fehlt ein Routen-Hinweis und auf der

Kloster Engelthal

anderen Seite der Landstraße versperrt eine Leitplanke das Weiterkommen. Aber die Richtung stimmt, ist Jürgen überzeugt. Der Regen lässt jetzt nach. Es ist kühl geworden, eigentlich gut, aber wenn man durchnässt ist, unangenehm.

Jürgen hat schon einmal das Kloster Engelthal besucht, das nächste Etappenziel, angereist jedoch mit dem Auto. Ja, da gibt es einen Klosterladen und heißen, starken Kaffee. Das Kloster Engelthal begrüßt sie mit einer hohen steinernen Toreinfahrt, davor eine Tafel zur Orientierung samt einem vertrauten Holzkasten, wo die Pilgerstempel liegen. Sie könnten sofort weiter, denn vielleicht ist diese Pilgerstempel-Verortung auch so gemeint:

»Wanderer – kommst du nach Engelthal – werd' uns nicht zur Qual – dann auf ein andermal ….« Vielleicht ist es auch anders gemeint.

Renate lacht gerne über ihre eigenen Witze. Finden andere sie komisch? Es ist ihr ziemlich egal. Ob das bedenklich ist – wenn Selbstgespräche erfüllend sind? Sie philosophieren nicht weiter. Jürgen beruhigt:

»Du bist schon schön schräg unterhaltsam.«

Ja, es ist gut, zuweilen die Sensibilität über das, was andere möglicherweise meinen, wenn sie sich so und so verhalten, einfach zu ignorieren. Vielleicht denken die Engelthaler Ordensleute praktischer:

»Die Pilger wollen eh' nur die Stempel – zum Angeben zuhause – Pilgertouristen eben. Wer interessiert sich schon in dieser säkularen Welt für Ordensleute und Religiosität? Gott sei's geklagt, wir werden es nicht verhindern können.«

Vielleicht denken Ordensleute auch ganz anders. Und wenn einer so denkt, denkt die andere wieder ganz anders. So, jetzt muss es aber weitergehen. Forschen Schrittes und neugierig geht's durch die hohle Gasse in die Klosteranlage. Endlich aufwärmen – Café und Klosterladen – ach je – »Geschlossen!«. Alternativ gehen sie beherzt weiter in das nächste Gebäude, vielleicht das Gästehaus? Die schwere Holztür ist nicht verschlossen. Schnell sind die Waschräume gefunden. Es ist gerade auf einer Pilgertour eine große Wohltat, eine gepflegte Toilettenanlage vorzufinden. Auch die Trinkflaschen werden aufgefüllt – trinken ist wichtig. Vor der Eingangstreppe hören sie – etwas ratlos – die Mittagsglocken läuten.

Stundengebet

»Jürgen, das ist ein bewohntes Kloster und die Glocken läuten. Da beten welche, lass uns mal gucken gehen, oder?«

»In Ordnung, vielleicht kann ich mich ein bisschen aufwärmen.«

Schnell wird in der Kapelle anhand des Mittagsgebets klar, dass es sich um eine Benediktinerinnen-Abtei handelt. Kloster Engelthal war zunächst eine Zisterzienser-Abtei. Die Zisterzienser wurden im 11. Jahrhundert gegründet als Reformorden der Benediktiner. Als die Abtei in Cluny, Frankreich, eine Kirche baute, die noch größer als der Petersdom sein sollte, dachten einige Benediktiner, dass dieser Protz doch zu weit ging. Sie wollten zurück zur ursprünglich gedachten Gestalt (»Reform«) und lebten deutlich bescheidener und strenger, auch organisatorisch, als kontemplativer Orden. Mission ist ihnen eher fremd, anders als unserem frühen Benediktiner Bonifatius. Im Zeitablauf wurde aus der Zisterzienser-Abtei wieder eine für Benediktinerinnen.

Es liegen die entsprechenden Bücher für das Stundengebet auf den Bänken. Die Schwestern singen in deutscher Sprache, nicht lateinisch. Dabei sind die Schwestern nicht zu sehen, der Besucherbereich befindet sich seitlich. Es sind mittlerweile erstaunlich zahlreiche Besucher eingetroffen, so weit weg von einer Ortschaft. Viele singen und beten mit, offensichtlich kommen sie regelmäßig hierher. Es ist kalt, zumal man die nassen Regensachen draußen gelassen hat. Zum Glück gibt es ein paar Decken in einem Regal, Jürgen nimmt sich eine. Obwohl die Gesangsbücher ausliegen, können sie der Liturgie nicht folgen.

Es bedarf schon tieferer Kenntnis und Übung, das Stundengebetbuch sachgerecht benutzen zu können. Die Stimmung ist durch den hohen, fast ätherisch einstimmig erklingenden Psalmengesang feierlich. Es ist, als käme da eine völlig fremde Welt auf Besuch; vielleicht auch eine Welt, in der alles wohlgeordnet und klar ist – reduziert und einstimmig eben. Gerade in der heutigen komplexen und dynamischen Zeit kann Sehnsucht nach dieser klaren Einstimmigkeit aufkommen.

Die Stimmung empfinden beide als angenehm. Es könnte gerne noch ein bisschen länger dauern, denn es ist recht schnell nach vielleicht geschätzten zehn Minuten vorbei. Eine Schwester sagt aus dem Off: »Bitte schließen Sie die Türe feste von außen.« Bis alle Besucher draußen sind, nutzen sie den Moment und schauen sich das schlichte Hauptschiff der Kirche an. Da sind die Bänke aus dunklem Holz, auf denen die Schwestern eben noch saßen und sangen. Sie entdecken in einer großen Nische einen raumbestimmenden Hauptaltar, aus schwarzem und hellbraunem Marmor gefertigt und reichlich verziert. Erstaunen über einen solch aufwändigen, großen Altar in einer verhältnismäßig kleinen Kirche. Aber das Pilgern ruft, obwohl der Ort durchaus zum Verweilen einlädt.

Renate hatte nach dem Abitur erwogen, in einen Orden einzutreten. Möglicherweise auch aus Gründen der »Einstimmigkeit«, denn auf den ersten Blick bietet ein Ordensleben doch Klarheit, Sicherheit und durchaus Abenteuer, sofern ein Missionsorden gewählt wird und dann in ein weit entferntes Land ausgewandert werden kann. Andererseits ist der Preis hoch – nach Freiheit riecht so ein Leben zunächst mal nicht. Aber verlaufen Lebenswege nicht doch oft eher »unfrei«, auch außerhalb eines Ordens – so als schlicht normale bürgerliche Existenz? Kinder, Haus, Job und ab und an Feiern und einmal im Jahr in den Urlaub – hört sich so einfach an – ist es nicht.

Ja, jetzt mit knapp sechzig Jahren ist das Leben gefühlt weitgehend gelebt, große Veränderungen eher nicht gewünscht. Die Träume der Jugend sind lange ausgeträumt – Enttäuschungen? Ja, klar, Scheitern immer inbegriffen. Hätte man doch vor diesem Leben flüchten sollen – in ein Kloster?

Jürgen könnte sich einen zeitlich offenen Klosteraufenthalt gut vorstellen, um zur Ruhe zu kommen und um einmal so richtig abzuschalten, ohne die vielen Eindrücke, die heute täglich auf einen einstürzen, einfach inmitten von einem Schutzwall.

Am Limes

Gut, jetzt erstmal den Rucksack geschultert und weiter durch den Regen. Hier in der Wetterau zeigt sich der Untere Vogelsberg in sanftwelligen Hügellandschaften. Leichte Steigung inbegriffen, merklich bergauf.

»Ich habe Hunger – wir gehen essen, los«

»Wer ist »wir?«

»Ja, du und ich natürlich oder ist da noch wer?«

»Wenn du Hunger hast, heißt das noch lange nicht, dass auch ich Hunger habe.«

»Ohhhh – hast du Hunger?«

»Ja.«

Der Weg nach Altenstadt führt entlang eines Radweges neben Gleisen. Unromantisch durchnässt pilgern sie vor sich hin. Es regnet ein bisschen schwächer als vorher. In Altenstadt knurren beider Mägen. Immer noch stark bewölkt, kühl. Und kein Café am Bahnhof, nicht mal ʼne Döner-Bude, kein »Schingschang« (chinesischer Imbiss), keine Gaststätte – puh, was nu?

Was sollʼs, hungern zu können gehört zum Pilgern wie das Brot zum Wein. Weiterlaufen und nicht daran denken.

Vielleicht liegt es am fehlenden Mittagessen, dass sie sich bald im Starkregen verlaufen. Im Wald finden sie einen nachgebauten Limes-Grenzzaun, wenige Meter breit, geschätzt so hoch wie »die Mauer«. Allerdings diente der Limes wohl weniger als Schutz vor »Republik-Flüchtlingen«, sondern eher vor Staatsfeinden Nr. 1 der anderen Art, den angrenzenden »wilden« Völkern, die nicht nur zum Einkaufen in das römische Gebiet wollten.

Auf der anderen Seite konnten so die Römer den Handel besser kontrollieren und Zollsteuern erheben. Im Wald sind rote Streifen zwischen Latten verlegt, die den Grenzverlauf andeuten sollen, sozusagen erhellende Geschichte im finsteren Wald.

Ein Legionär trug damals rund fünfzig Kilogramm am Körper, an Rüstung und mit Marschgepäck. Was die Menschen damals leisteten! Und dann noch viele Kilometer am Tag marschieren und zwischendurch »Krieg führen.«

»Guck mal, mein roter Rock passt doch gut in diese römische Zeit. Damals haben auch Männer, äh Soldaten, Röcke getragen, ganz normal.«

»Puh, und hier ist es so matschig wie damals in Russland.«

»Du warst nicht in Russland.«

»Aber mein Onkel; ich kann mit meinem Erleben, jetzt durch den Matsch zu gehen, sein Erlebtes besser nachvollziehen, zumindest ein Stückchen weit. Auch der Leichenzug des Bonifatius ging vielleicht genau hier auch durch diesen Matsch. Jetzt weiß ich, wie sich das anfühlt.«

»Ja, das, was die Vorfahren erlebt haben, gesellt sich zur eigenen Geschichte – in der Summe so, als hätte man es selbst erlebt. Kannst du nachvollziehen, oder?«

»Ja und nein. Bei manchen Familienlegenden denke ich: Oh, wie fremd und fern ist das denn?«

»Jeder sortiert und interpretiert die eigene Familiengeschichte und gibt sie entsprechend gefärbt weiter.«

»Ja, ist verständlich. Und es ist ja nicht leicht, dabei Wirklichkeit und Fiktion auseinander zu halten.«

Es regnet immer noch, und der Wald will gar nicht aufhören zu existieren.

»Schau mal, irgendwas stimmt hier doch nicht. Da fehlen jetzt schon lange die Bonifatius-Schilder. Wo sind wir eigentlich?«

»Vielleicht laufen wir im Kreis?«

Sie fragen Spaziergänger mit Hunden. Alle Spaziergänger haben heute einen Hund dabei. Ohne Hund geht bei dem Wetter niemand freiwillig durch den nassen Wald. Als Ortskundige helfen sie den beiden seltsamen Gestalten wieder auf den richtigen Pfad.

»Gottseidank – da ist die Bonifatius-Route wieder.«

Mit einem konkreten Ziel läuft es sich gleich viel leichter.

»Nix Nasses auf's Parkett«

Kurz vor einer Ortschaft, auf einem Feldweg, der Regen hat sich gelegt, fragen sie zur Sicherheit ein paar Jugendliche auf einem Bolzplatz, ob das da vorne Düdelsheim sei, das Etappenziel und Übernachtungsort.

»Ja.«

Einige Minuten später außer Hörweite.

»Bin ich froh, nicht auf einem Dorf groß geworden zu sein. Ist doch trostlos, auf einem einsamen Sportplatz abhängen zu müssen.«

»Och, damals in Grebenhain ... als Jugendlicher habe ich da viel gelernt, beispielsweise was die Regeln demokratischer Entscheidungsfindung angeht. Wir hatten ja nicht viel und das musste geteilt werden, wie der Dorfbulle, der Mähdrescher u.a.m. und man hat sich gegenseitig ausgeholfen. Was glaubst du, was da alles abgestimmt werden musste. Da ging es hoch her – und ich dazwischen. Tja, so schön aufregend war die vergangene Zeit ...«

Düdelsheim, das schon 792 urkundlich erwähnt wurde, kam vielleicht zu seinem Namen, weil die Einwohner dieses schmucken Fachwerkdorfs gerne einen »düdelten«, also Bier und besonders viel Wein tranken. Das war, bevor die Reblaus, eingeschleppt im 19. Jahrhundert aus Nordamerika, den hessischen Weinbau komplett zunichtemachte. Erst mit amerikanischen Weinstöcken konnte der Reblaus der Garaus gemacht und in Deutschland wieder Wein angebaut werden. Allerdings stand der Düdelsheimer Wein nicht hoch im Kurs – zu sauer. Es fehlten da schon die sonnigen Hänge eines Rheins oder Mains.

Patschnass stehen sie zum einbrechenden Abend endlich vor der Haustür ihrer Unterkunft. Ein altes Bauern- und Weingebäude, hufeisenförmig angelegt mit Innenhof und liebevoll restauriert. Noch die hohe, steinerne Treppe hinauf und schon werden sie von der freundlichen Gastgeberin erwartet, die sie sofort einweist:

»Bitte die Schuhe hier ausziehen und nix Nasses auf's Parkett.«

»Klar doch!«

»Wo können wir hier etwas zu Abend essen?«

»Ne, Gastwirtschaften gibt's hier nicht mehr. Aber ich mache Ihnen gerne eine Brotzeit. Käse, Schinken, Tomaten?«

»Ach, dass uns so viel Gutes widerfährt, ja, bitte. Wir sind dann in einer halben Stunde unten, okay?«

Der Tisch ist reich gedeckt, mit viel Selbstgemachtem und leckerem Brot. Die Wirtin erzählt beim Essen:

»Einmal kam hier ein Pilger an – mit Hut und Stab samt Kreuz. Wir sind richtig erschrocken, als der abends zerzaust vor der Tür stand. Es stellte sich heraus, dass er ein angehender Priester war. So ein schöner junger Mann, auch schade.«

Der Ehemann der Wirtin schaut die ganze Zeit auf den stumm geschalteten Fernseher. Nachdem sie sich am nächsten Morgen verabschiedeten, mussten die beiden Pilger ein paar Minuten an den militärisch anmutenden Befehl der Wirtin denken: »Nix Nasses auf's Parkett, bitte!« Wieso muss ein Parkett geschont werden, das mindestens fünfzig Jahre durchgehalten hat? Wäre es mit ein paar Gebrauchsspuren mehr nicht sogar schöner?

»Ich will nicht, dass auf meinem Grabstein steht: »Sie hat immer das Parkett geschont.« Nein – da muss stehen: »Sie war auf jedem Parkett sicher! Hast du gewusst, dass Autos in Garagen eher verrosten können als unter freiem Himmel, jedes Musikinstrument durch Nichtbespielen kaputt geht? Und – mal unter uns – ich hab Tischdecken mit Flecken – da will ich gar nicht, dass die mit Persil rausgehen! Persilscheine lügen immer, Tränen nie! Da wäre doch längst die Erinnerung an Weihnachten 1992 mit diesem tiefroten Wein und Blaubeersorbet zum Nachtisch verblasst. Puh, und dann angeschickert mit den Nachbarn zur Christmette – ach! Erinnerung braucht Zeichen, eben Nasses auf'm Parkett!«

Wallfahrtslied: Psalm 127

Lied vom Lebensglück

1 Ein Wallfahrtslied. Von Salomo. Wenn nicht der
HERR das Haus baut, mühen sich umsonst, die
daran bauen. Wenn nicht der HERR die Stadt
behütet, wacht umsonst, der sie behütet.

2 Es ist umsonst, dass ihr früh aufsteht und euch
spät erst niedersetzt, um das Brot der Mühsal zu
essen; was recht ist, gibt der HERR denen, die er
liebt, im Schlaf.

3 Siehe, ein Erbteil vom HERRN sind Söhne, ein
Lohn ist die Frucht des Leibes.

4 Wie Pfeile in der Hand eines Kriegers, so sind
Söhne aus den Jahren der Jugend.

5 Selig der Mann, der mit ihnen den Köcher gefüllt
hat! Sie werden nicht zuschanden, wenn sie mit
ihren Feinden rechten im Tor.

25. Juli 2017

Von Düdelsheim nach Hirzenhain

Der Schmerz

Düdelsheim ist ein Fachwerkdorf mit rund dreitausend Einwohnern an der Bundesstraße B 521. Dort befindet sich eine Apotheke, die Jürgen gleich nach dem herzhaften Frühstück aufsucht. Sein linker Fuß ist schon leicht geschwollen und schmerzt immer stärker. Ibuprophen soll Abhilfe schaffen. Gratis gibt es Taschentücher von der freundlichen Apothekerin dazu, die Renate gut gebrauchen kann. Sie vergisst ja immer etwas beim Reisen einzupacken – Taschentücher diesmal.

Vielleicht lindert auch das regelmäßige Gehen die Schmerzen – so die Hoffnung. Wie haben damals die Träger des Leichnams des hl. Bonifatius ihre Schmerzen ausgehalten, mit schlechtem Schuhwerk und ohne Schmerzmittel? Gehört körperliches Leiden zum Pilgern dazu, oder ist es manchmal nur eine leidige Begleiterscheinung? Diese Fragen gehen Jürgen von nun an durch den Kopf. Er kann sich dadurch den Menschen von damals näher fühlen.

Keltenmuseum Am Glauberg

Zum Glauberg geht es rechts von der Hauptstraße hinter dem Ortsausgang ab. Es regnet. Der Glauberg ist ein rund 130 Meter hoher Tafelberg aus Basalt, wie er so herausragend und beeindruckend in unseren Breiten selten zu sehen ist. Er entstand vor fünfzehn Millionen Jahren aus Lavaströmen, die den älteren Buntsandstein großflächig überdeckten.

In einer strategisch guten Lage wird der Berg umrandet von fruchtbarem Ackerboden. Er war bereits vor über fünftausend Jahren be-

Sonnenaufgang am Grabhügel in Glauberg

wohnt. Im Mittelalter stand hier eine Burganlage, von der heute nur noch Grundmauern zu sehen sind. Mehr oder weniger zufällig kamen bei Grabungen in den neunziger Jahren Funde einer keltischen Grabanlage aus dem fünften vorchristlichen Jahrhundert zum Vorschein. Es handelt sich um den Sensationsfund eines reich geschmückten Prunk- bzw. Elitengrabes so weit im Norden des Kernsiedlungsgebietes der damaligen Kelten.

Der Bau des Keltenmuseums wurde 2011 eingeweiht und hat eine überraschende Architektur. Als wäre da ein großes Fernglas, das vom Berg herabschaut. Der kubische Baukörper wurde mit sechs Meter langen und zwei breiten Stahlplatten »belattet«. Diese verrosten an der Oberfläche und schützen gleichzeitig das Gebäude vor der Witterung. Der Stahl rostet also nicht wie gewöhnlicher Stahl durch und wird als »Cortenstahl« bezeichnet.

Durch den breiten Eingang mit Café führt eine große Treppe hinauf zum Museum, das weit nach vorne in die Landschaft ragt. Die breite Fensterfront gibt den Blick frei auf den Grabhügel mit den hohen Holzstangen und die offene, leicht wellige Landschaft mit Wiesen und Äckern. Die Sicht ist leider eingeschränkt, weil es immer noch regnet und diesig ist.

Gewohnheitsmäßig kauft Renate eine Postkarte von den Orten, die ihr gefallen. Und dieser ist ein besonderer Ort, von dem sie unbedingt einige Postkarten erwerben möchte. Auf einer Postkarte sind Grabhügel und Landschaft jedenfalls in der Sonne zu sehen.

Die Grabanlage mit einem Teil der »Prozessionsstraße« und sechzehn hohen Holzpfählen um den eigentlichen Grabhügel wurde nach bestem Wissen rekonstruiert. Sie wirkt selbst nach 2.500 Jahren noch immer perfekt und harmonisch gestaltet. Ob unser Empfinden für die »richtige« Form und Raumanordnung in bestimmten Zusammenhängen, also hier Friedhof und kultische Verehrung, ein bisschen »angeboren« ist? Nein, das dürfte nicht der Fall sein. Es liegt wohl eher an der persönlichen Vorliebe oder Ablehnung von bestimmten Stilelementen.

Die Kultur der Kelten war hochentwickelt und divers, je nach Siedlungsregion. Sie hat sich jedoch im Römischen Reich verloren, wurde vielleicht als starke Konkurrenz gesehen und unterdrückt. Heute ist das Keltische noch in der gälischen, bretonischen und walisischen Sprache präsent. Insofern ist es interessant, den bekannten Symbolen auf den Grund zu gehen und sich eingehend mit den »wahren« Kelten zu befassen. Allerdings ist es im Moment nicht so einfach, sich darauf zu konzentrieren in den nassen Klamotten. Besonders beeindruckend ist eine mannshohe Steinstaue eines mutmaßlich verdienten Kriegers oder ortsansässigen Fürsten aus dem fünften vorchristlichen Jahrhundert. Dieser trägt einen ungewöhnlichen Helm oder Kopfschmuck, vielleicht ein Hoheitszeichen, dessen Form an einen Blumenstrauß oder ein großes Gingkoblatt erinnert.

Mit dem Lesen der Asterix-Hefte in der Jugend haben viele Zeitgenossen unserer beiden Pilger einiges an Wissen über die Kelten eingesogen. Schlussendlich wurden die Kelten – ganz Gallien eben – von den Römern besetzt und romanisiert – nun, bis auf ein Dorf:

Der Häuptling hatte vor nichts und niemandem Angst, nur davor, beim Teutates, dass ihm der Himmel auf den Kopf fallen könnte und sein Druide Miraculix verstand sich auf's Zaubern ..., Widerstand zu leisten und nicht aufzugeben, zahlt sich doch aus.

Die Kultur der Kelten kann ebenso wie die Kultur der Germanen nur anhand von archäologischen Funden rekonstruiert werden. Beide Völker besaßen keine Schriftsprache. Im Donaugebiet wurden keltische Städte mit geschätzt über fünftausend Einwohnern ausgegraben. Ausgrabungen im Siegerland ergaben jüngst, dass die keltischen Öfen zur Eisengewinnung bereits durchgehend über Wochen brennen konnten. Tatsächlich ging mit dem Ende der keltischen Zivilisation die innovative Verhüttungstechnologie im Römischen Reich verloren.

Die Leiterin des Museums und gleichzeitig Geschäftsführerin des Bonifatius-Routen-Vereins ist gerade im Museumsraum und kommt mit den beiden Pilgern ins Gespräch. Diese bemängeln offen heraus die teilweise fehlende oder schlecht einsehbare Ausschilderung, bestätigen jedoch die gute Qualität des durch den Verein zur Verfügung gestellten Kartenmaterials.

Vogelsberger Rote

Es regnet jetzt sehr stark. Die Schuhe weichen durch und die Füße werden nass. Beide haben sehr leichte Hosen an, die schnell trocknen würden, in einer Regenpause – theoretisch. Diese bleibt jedoch aus. Am Wegrand steht eine kleine, unscheinbare Ruine. Ein Schild weist darauf hin, dass es sich um die sogenannte »Schafskirche« handelt, an der der

Leichenzug angeblich übernachtet haben soll. Nähere Untersuchungen dazu haben ergeben, dass diese Ruine keinesfalls so alt sein kann. Sie ist viel später wahrscheinlich zum Gedenken an den Rastplatz des Leichenzuges errichtet worden.

Unterhalb der Schafskirche ist eine große Weide mit »Vogelsberger Roten«, eine hübsche rückgezüchtete Rinderrasse. Wie sahen wohl die Rinder zur Zeit der Kelten oder des Bonifatius aus? Im Wikinger-Museum in Haitabu sind ebenfalls rückgezüchtete Rinder zu sehen – Mini-Ausgaben unserer heutigen Rinder mit sehr viel mehr Fell.

Gerade im Regen erscheint das Rot des Felles der Vogelsberger Roten noch röter, es glänzt. Die relativ kleinen Rinder sind lange nicht so klein wie die Haitabu-Rinder, aber trotzdem kleiner als die heutigen Rinder. Sie sehen den Besuch schon von weitem und kommen sofort mit erhobenen Köpfen neugierig an den Zaun.

Erwartungsvolle Blicke: »Ihr nehmt uns doch jetzt bitte mit in euren trockenen Stall?«

»Nein, geht nicht, sind am Pilgern.«

Die Kühe glauben uns das nicht, der mächtige Bulle erst recht nicht. So wie Wölfe intelligenter sind als Haushunde, wie entsprechende Untersuchungen belegen, sind vielleicht auch »alte« Rassen schlauer als die dumme Kuh von nebenan? Sie trotten mit und muhen uns vorwurfsvoll in die Ohren. Ein Nein ist ein Nein. Wobei – es ist ein verständlicher Wunsch, diesem Regen entfliehen zu wollen. Nur gut, dass es nicht herbstlich kalt ist.

Buderus

Den Nidder-Bach hinauf in Richtung seiner Quelle im oberen Vogelsberg treffen die Pilger gegen Abend in Hirzenhain ein. Mittlerweile gibt es auf der Pilgerstrecke keine Brombeeren mehr, sondern Himbeeren, die typischerweise in höheren Lagen wachsen, weiß Jürgen, der sich lange mit Ökologie beschäftigt hat. Neugierig geht er auf eine Eisdiele zu. »Och nö«, denkt Renate, »bei dem Wetter will ich kein Eis.« Aber es geht nicht ums Eisessen, sondern um die junge Inhaberin. Jürgen kennt sie; sie war einmal seine Schülerin und besitzt italienische Vorfahren. Aha, der Vogelsberg, Jürgens Heimat, rückt merklich näher.

Hirzenhain bedeutet »Hirschwald«, was sich im Wappen mit Hirschkopf ausdrückt. Die Entwicklung dieses Weilers geht zum einen auf eine Klostergründung der Augustiner im 14. Jahrhundert zurück. Diese Mönche gingen stets barfuß – so auch Martin Luther über die Alpen, als er beim Papst vorsprach. Übrigens ist dieser Weg heute ebenfalls ein Pilgerweg. Zum anderen hat sich aus einer mittelalterlichen Waldschmiede dank bedeutender Eisenfunde im Basaltgestein eine größere Eisenhütte entwickelt. Mitte des 18. Jahrhunderts begann hier die Familie Buderus mit dem Betrieb eines der ersten Hochöfen in Hessen, expandierte über Laubach nach Wetzlar bis ins Ruhrgebiet, Renates Heimatregion. Bis heute ist hier eine kleine Eisengießerei für Kunstguss und ein Kunstguss-Museum in Betrieb.

»Nun, wir haben hier viel Eisen im Vogelsberg. Es gab im Mittelalter überall kleine Brennöfen und viele Kohlenmeiler, dafür bis in 19. Jahrhundert hinein nur ganz wenig Wald.«

»Mein Vater kommt ja aus dem Dillkreis, studierte Eisenhüttenkunde. Jetzt bin ich hier bei Buderus, wo alles anfing. Also – so viele Verwandte schafften bei Buderus. Und in meinem Elternhaus gab's viel Eisen an der Wand sowie eine hl. Barbara aus Hirzenhain.«

Stolberger Hof

Gegenüber dem Kunstguss-Museum und heutigen schicken Technologiezentrum liegt die gebuchte Übernachtung, der »Stolberger Hof – Metzgerei, Gaststätte, Pension«, nicht zu verwechseln mit »Stolberger Hof-Hotel« im Südharz, aber »verwandt«. Der Name hört sich herrschaftlich an, nicht ohne Grund, da er an das früher herrschende Adelshaus Stolberg-Gedern erinnern soll.

»Du warst schon mal in Stolberg?«

»Klar.«

»Ich auch. Die sind bekannt für ihre regionalen Lebkuchenspezialitäten und die pittoreske mittelalterliche Stadt.«

»Ja, da hat im 18. Jahrhundert ein Südharzer eine Nassauerin geheiratet – wo die Liebe halt hinfällt.«

»Oder – wo Geld zu Geld kommt oder Macht zu Macht?«

»Oder – Krieg zu Frieden?«

»Auch – manchmal ist's umgekehrt.«

»Geschichte ist komplex.«

»Joh!«

Der Eingang führt uns durch die gerade noch geöffnete Metzgerei. Sofort kommen Erinnerungen an die Kindheit auf: Genau so muss eine Metzgerei aussehen – und riechen; würziges Fleisch, frisch gekochte Wurst, glänzende Kacheln und frische Temperaturen.

»Wir haben zwei Zimmer gebucht.«

»Der Chef kommt gleich rein.«

Ach, das ist ein deftiges Willkommen, man riecht es im Treppenhaus des Gebäudes. Ein junger Mann im Metzgerkittel – ja, Blut klebt auch drauf – führt uns am Frühstückssaal vorbei zum »Schlaftrakt.« Es handelt sich beim Stolberger Hof um eine Gastronomie mit angeschlossenem Pensionsbetrieb. Die Schlafzimmer warten geduldig auf einen neuen Morgen – auf eine Renovierung. Der neue moderne Speiseraum ist gleichzeitig für die Gäste das Fernsehzimmer mit einem Riesenbildschirm für abends.

»Ich hab' noch Koteletts, Bratkartoffeln mit Salat zum Abendessen.«

»Prima, um halb acht – und zwei Bier, bitte.«

Der Großbildschirm verleitet zum Einschalten. Ja, das Seherlebnis ist in der Tat ein wenig anders als zuhause und ein Kontrastprogramm zu einem Tag in der verregneten Natur.

Jürgens Fuß beginnt deutlich anzuschwellen. Laufen wird immer problematischer, selbst Treppensteigen.

Renate hat eine Idee. Sie geht vor dem Abendessen zum Supermarkt gegenüber und kauft kühlen Quark für Füße sowie eine Flasche Wein für den Geist. Quarkwickel helfen bei Brustentzündungen, Schleimbeutelentzündungen und weiteren Entzündungen unter der Haut.

Die Koteletts vom selbstgeschlachteten Schwein schmecken wie die in der Kindheit, ein Traum von Qualität. Vielleicht hatte das Schwein vom Bauern aus der Gegend einen stressfreien Tod oder durfte lebenslang über Wiesen laufen und sich suhlen? Wer weiß – es schmeckt danach und Essen und Trinken hält angeblich Leib und Seele zusammen.

Dann leeren sie die Weinflasche – nein – Renate leert und gibt großzügig Jürgen einen Schluck ab. In vielen Pilgerführern wird Askese empfohlen. Sie muss nicht sein, oder? Jürgen bräuchte angesichts der Fußschmerzen allerdings dringlicher einen kräftigen Schnaps. Er geht leicht niedergeschlagen mit einem Quarkwickel aus Plastiktüte und Handtuch ins Bett. Es gibt sicherlich Schöneres – ob er ruhig schlafen kann?

»Quark wirkt Wunder. Du wirst schon sehen«, tröstet ihn Renate.

Ein Wallfahrtslied: Psalm 128

Haussegen

1 Ein Wallfahrtslied. Selig jeder, der den HERRN fürchtet, der auf seinen Wegen geht!

2 Was deine Hände erarbeitet haben, wirst du genießen; selig bist du – es wird dir gut ergehn.

3 Deine Frau ist wie ein fruchtbarer Weinstock im Innern deines Hauses. Wie Schösslinge von Ölbäumen sind deine Kinder rings um deinen Tisch herum.

4 Siehe, so wird der Mann gesegnet, der den HERRN fürchtet.

5 Es segne dich der HERR vom Zion her. Du sollst schauen das Glück Jerusalems alle Tage deines Lebens.

6 Du sollst schauen die Kinder deiner Kinder. Friede über Israel!

Einheitsübersetzung der Heiligen Schrift,
vollständig durchgesehene und überarbeitete Ausgabe
© 2016 Katholische Bibelanstalt, Stuttgart.
Alle Rechte vorbehalten.

26. Juli 2017

Von Hirzenhain zum Hoherodskopf

Noch mehr Schmerzen

Am nächsten Morgen humpelt Jürgen aus seinem Zimmer im Altbau. Er begegnet Renate auf dem Weg ins Frühstückszimmer. Aller Anfang ist schwer.

»Guten Morgen, Jürgen. Dann wollen wir mal frühstücken. Wie geht's deinem Fuß?«

Jürgen schweigt. Renate ins Selbstgespräch vertieft:

»Oh traditioneller Quarkwickel, wieso hast du versagt?

Ja, weißt du, bei einer solchen Überbeanspruchung bei fehlenden Trainingsstunden bin auch ich überfragt. Hast wohl nicht für eine Wunderheilung gebetet?

Jetzt sei mal nicht so fromm, du Quarkwickel. Halt die Milchsäurebakterien unter Kontrolle, die reden sich grad um Kopf und Kragen.«

Renate geht nach diesem inneren Monolog wieder in den Dialog:

»Männer wollen halt nicht auf Frauen hören. Ich hab's ja vorher gesagt: Jürgen, übe das Laufen mit Rucksack und laufe deine neuen Schuhe ein!«

»Und du – pilgern und vergessen, auf Wunder zu hoffen, geht's noch? Übe du mal das Beten! Wunder gibt es immer wieder – jajajajajaja.«

Hat da nicht einmal ein Gottesmann ins Gespräch vertieft prophezeit:

»Wenn Sie sich auf Christus einlassen, werden Sie Wunder erleben.«

Gesprochen! – Versprochen? – So einfach scheint es nicht zu sein.

Vom Suchen und Finden des Weges

Der sechste der insgesamt acht Pilgertage beginnt damit, dass sie in die falsche Richtung gehen. Es geht sich dabei recht angenehm am Wasser der Nidder entlang. Aber es sind ja oft genug nicht die bequemen Wege die richtigen. So auch in diesem Fall. Also, wieder zurück und ab in den feuchten Wald, bergauf.

Regenbedingt sind die Wege sehr matschig. Das hohe Gras deutet an, dass dieser Weg nicht allzu oft bewandert bzw. bepilgert wird. Dabei hat Wald doch seinen ganz besonderen Reiz.

Renate denkt, immer lauter werdend, an die Waldspaziergänge in ihrer Kindheit. Jeden Sonntag wurde »ein Weg gemacht« und »ah, was für eine gute Luft!« sowie »oh schöner grüner deutscher Wald« enthusiastisch gerufen. Ja, die Deutschen sind ein »Waldvolk«.

»Mein Vater ging jedes Jahr mit mir in die Pilze. Ein Pfifferlingsnest war der Hauptgewinn. Das anschließende Essen der Pilze mit Rührei offenbarte das einhundertprozentige Vertrauen untereinander. Waldpilze kann ich gar nicht innerlich unbeteiligt essen. Da kommen sofort Kindheitserinnerungen hoch – angenehm.«

»Würdest du Pilze essen, die ich gesammelt habe?«

»Kennst du dich denn damit aus, Jürgen?«

»Ja klar, als Kind bin ich mit meinem Onkel aus dem Sudentenland gerne Pilze sammeln gegangen. Bei uns »Eingeborenen« war das aber eher untypisch.«

Der römische Historiker und Ethnograph Tacitus, selbst ein Kind der Großstadt, hat vor über rund 1900 Jahren die Wälder Germaniens ganz anders gesehen. Die Urwälder zwischen Rhein und Elbe kamen ihm menschenfeindlich und hässlich vor; ebenso wie seine Bewohner, deren germanische Sprachen er nicht verstand. Als im 15. Jahrhundert die Schriften des Tacitus wieder auftauchten, nahmen alle Leser fast bis zum heutigen Tage seine Beschreibungen für bare Münze, als objektive

Beschreibung unserer Vorfahren und deren Lebensweise. Erst heute steht fest: Tacitus hat den Mythos der wilden, ursprünglichen Germanen durch seine einseitige und voreingenommene Sichtweise begründet. Wer die »Germanen«, die sich aus verschiedenen Volksstämmen mit ähnlicher Sprache zusammensetzten, wirklich waren, kann nur vielschichtig beantwortet werden.

Und doch – Wald hat seinen ganz besonderen Reiz, man muss ihm vertrauen und kann ihn genießen. Manche finden ihn sogar spirituell aufgeladen und umarmen Bäume – typisch deutsch?

Spirituelle Wege

»Also, ich gehe ja nicht so wie du regelmäßig zum Gottesdienst.«

»Ich geh' erst seit einigen Jahren wieder regelmäßig. Bist du noch in der Kirche?«

»Ich bin nicht aus der Kirche ausgetreten, so wie viele meiner Freunde und Bekannten.«

»Tapfer.«

»Es hat mich schon geprägt, das Christliche. Besonders mag ich die Bergpredigt.«

»Ja, mich auch. Da hat meine Mutter mit dem gemeinsamen Abendgebet: »Ich bin klein, mein Herz ist rein, wohnt nur Jesus drin allein.« ein Urvertrauen angelegt. Denn ich dachte in der Kindheit tatsächlich, mit dem Jesus im Herzen – ei – da kann mir doch nichts passieren – komme, was wolle. Denke ich übrigens auf diese Kernbotschaft eingedampft heute noch.«

»Meine Großmutter – ich sehe sie noch vor mir. Sie war eine kleine gebückte Frau, die immer Kopftuch trug – immer, wie es eben auf dem Bauernhof üblich war. Also, da steht sie vor mir, verneint mit dem Zeigefinger schnell von links nach rechts und zurück und sagt: »Jürgen, merk dir das, wer einmal lügt, dem glaubt man nicht. Sag immer die

Wahrheit.« Und du wirst lachen – ich hab mich bis heute dran gehalten – so gut ich konnte.«

»Echt? Mensch Jürgen, wenn ich es jetzt so bedenke – was habe ich eigentlich meinen Kinder und du deinen so gesagt? Stell dir mal vor – in dreißig Jahren unterhalten die sich über ihre jeweiligen Eltern und dann kommen sie zurück – die Sätze, die man so gesagt hat, manchmal vielleicht nur beiläufig, ratter-ratter-ratter, ob ich das überlebe oder freue ich mich sehr oder bin ich zu Tränen gerührt, ob der eigenen Klugheit? Was machen die Kinder aus unseren Sätzen? Wie werden sie dadurch geprägt? Ich wüsste es schon gerne.«

Sie pilgern zügig. Wieder Schweigen. Gedanken kreisen im Kopf. Jürgen schweigt über seinen schmerzenden Fuß. Er ist jetzt ganz bei sich. Renate fragt nicht nach und schweigt.

In Kaulstoß weichen sie, auf einen Vorschlag von Jürgen hin, von der Bonifatius-Route nach Nord-Osten ab. Direkt in Richtung Hoherodskopf geht es stetig bergan, steiler als zuvor. Wiesen und Wälder wechseln sich ab. Keine Wegzeichen mehr, Jürgens Kompass leistet jetzt gute Dienste. Die alternative Wegstrecke ist nicht gewartet, ist zugewachsen. Es ist nur noch ein alter Pfad zu erkennen. Das hohe Gras ist nass, macht nass. Der Weg hat tiefe wassergefüllte Mulden. So muss es wohl zu Bonifatius' Zeiten gewesen sein.

Irritierte Unsicherheit, aber die Richtung stimmt – muss – weiter durch's Gestrüpp. Und dann zieht es kräftig bergan an. Bald finden sie wieder einen offenen Feldweg. Endlich freie Sicht auf den Gipfel des Vogelsbergs. Sie überqueren ein Flugfeld für Segelflieger. Es sind welche am Start. Sie rasten kurz auf einer Bank – Zivilisation! Jürgen kennt sich hier oben gut aus. Er fuhr hier früher Skilanglauf.

Nach einem sehr steilen Aufstieg, entlang der Sommerrodelbahn und einem Skilift stehen sie vor dem in die Jahre gekommenen, »Berghotel«. Die rustikale Gaststube vermittelt einen heimeligen Eindruck. Wieder Jugenderinnerungen, denn so sahen die Gasthöfe früher aus. Die Einzelzimmer wirken sehr klein in den Augen eines verwöhnten Besuchers von heute. Die Teppichböden – ja – Hotel-Teppichböden sind ein ganz spezielles Thema, zumindest für die oft barfuß gehende Renate. Und diese alten Teppichböden laden nicht dazu ein.

»Dass dir solche Kleinigkeiten so wichtig sind. Ich sehe das gar nicht.«

»Jeder hat so seine Eigenheiten.«

Es ist schon spät. Ob es noch etwas zu essen gibt?

Ja, mit einer kräftigen Abendvesper belohnen sich die Pilger für den letzten Aufstieg der Route. Der Mond steht rosa und dünnsichelig hoch am Himmel. Die untergehende Sonne versinkt weit im Westen. Die Frankfurter Skyline zeichnet sich noch klar dazwischen am südwestlichen, fernen Horizont ab.

Es ist ein imposanter Ausblick, der vielfach für fiese Teppichböden entschädigt. Weiter rechts liegt Mainz, der Startpunkt. Es sieht fast unwirklich aus. Dort unten waren sie erst vor ein paar Tagen los gelaufen. Der Umweg hier hoch hat sich gelohnt!

»*Aba drob'n auf'm Gipfel, des sog i allemoi, is' vui schena wie drunt'n im Toi!*«, singt Hubert von Goisern – recht hat er.

Beide schauen stolz und zufrieden zurück auf ihre bisherige Pilgerstrecke. Welch' Leistung, besonders für Jürgen, dessen ersten Pilgererfahrung es ist, noch dazu mit maladem Fuß. Und Renates Beinmuskeln melden sich leise zu Wort.

»Mann, ist das still hier oben – herrlich!«

»Und dort unten tost die Großstadt.«

»Wie weit schätzt du die Luftlinie? Siebzig Kilometer? Und so klar die Skyline – erstaunlich.«

»Ab Morgen geht es nur noch bergab – na dann gute Nacht – Elisabeth.«

»Gute Nacht – John-Boy ...«

Ja – ein bisschen fühlen sie sich versetzt in die siebziger Jahre. Da lief im Fernsehen die US-amerikanische Serie über die Baptisten-Großfamilie Walton mit ihrem Sägewerk in den Bergen West-Virginias.

Ein Wallfahrtslied: Psalm 130

Aus tiefer Not (Der sechste Bußpsalm)

1 Ein Wallfahrtslied. Aus der Tiefe rufe ich, HERR, zu dir.

2 Herr, höre meine Stimme! Lass deine Ohren merken auf die Stimme meines Flehens!

3 Wenn du, HERR, Sünden anrechnen willst – Herr, wer wird bestehen?

4 Denn bei dir ist die Vergebung, dass man dich fürchte.

5 Ich harre des HERRN, meine Seele harret, und ich hoffe auf sein Wort.

6 Meine Seele wartet auf den Herrn mehr als die Wächter auf den Morgen; mehr als die Wächter auf den Morgen

7 hoffe Israel auf den HERRN! Denn bei dem HERRN ist die Gnade und viel Erlösung bei ihm.

8 Und er wird Israel erlösen aus allen seinen Sünden.

Lutherbibel, revidiert 2017
© 2016 Deutsche Bibelgesellschaft, Stuttgart.

III. Bonifatius, der Päpstliche Legat in Germanien

Bonifatius wird Erzbischof ohne Sitz

Im Jahre 732 wurde Bonifatius von Papst Gregor II. das Pallium übersendet. Das Pallium ist ein Amtsabzeichen des Papstes, das er den Erzbischöfen als Zeichen ihrer Ernennung verleiht. Es sieht ähnlich aus wie eine Stola. Damit erhielt Bonifatius das Recht, Diözesen zu errichten, Bischöfe zu weihen und einzusetzen. Er selbst war nach wie vor ohne festen Sitz und damit »Heimat«.

Ernennung zum Päpstlichen Legaten für ganz Germanien

Wahrscheinlich hat Bonifatius sehr schnell gemerkt, dass selbst die Erzbischofswürde nicht ausreicht, um nachdrücklich die Kirchen im Frankenreich enger an die römische Ordnung zu binden. Karl Martell hatte ihm zwar den Schutzbrief zur Mission der besetzten Gebiete ausgestellt. In seine fränkische Landeskirche ließ er sich jedoch nicht spucken.

So reiste Bonifatius zum dritten Mal 738 nach Rom. Der Papst verlieh ihm den Titel »Päpstlicher Legat für ganz Germanien«. Als Mitarbeiter konnte Bonifatius die angelsächsischen Benediktinermönche Willibald, Wunibald und Lul gewinnen. Mit diesen reiste nach Bayern mit dem Auftrag, dort die kanonische Ordnung zu errichten nach dem Vorbild der römischen Kirche.

Bereits um 700 hatten irische und fränkische Mönche östliche des Rheins erfolgreich missioniert: Emmeran in Regensburg, Rupert in Salzburg und Korbinian in Freising. So wurden jetzt die Bistümer Regensburg, Passau, Salzburg und Freising reorganisiert und direkt Rom unterstellt und neun neue Bistümer eingerichtet. Davon befanden sich sechs in Bayern und drei in Thüringen: Erfurt, Würzburg und Eichstätt.

Auch hier konnte Bonifatius auf die Arbeit der irischen Mönche und Bischöfe zurückgreifen. Allerdings besetzte er soweit möglich die Posten neu mit seinen Landsleuten. Die ursprünglich von ihm gegründete Klosterzelle an der Büraburg bestimmte er als Bischofssitz für Hessen, was sich angesichts der häufigen sächsischen Übergriffe nicht halten konnte.

Die Widerstände gegen diese Reformen waren von Seiten der fränkischen Landeskirche so stark, dass so manche Veränderungen wieder nach einigen Jahren aufgehoben wurden. Dennoch konnte später Karl der Große, der Sohn Pippins, erfolgreich anknüpfen. Das Land wurde von einem durch Knotenpunkte zusammengehaltenen Netz von Kirchen und Klöstern, geordnet durch die jeweiligen Bistumshoheiten, überzogen. Ziel war vorrangig die Petrifizierung, also die Bindung der Kirchen, Klöster und Bistümer an den Bischof von Rom, also den Papst, den Nachfolger des Petrus und das mit diesem Apostel verbundene Kirchenverständnis. Die direkte Unterstellung der fränkischen Bistümer hatte den weiteren Vorteil, dass die Diözesanbischöfe nicht durch regionale Herrscher vereinnahmt werden konnten. Zum zweiten sollte die Rombindung dafür sorgen, dass die Bischöfe sich um die Ausbildung, Entsendung und Kontrolle der Priesterschaft kümmerten. Weder sollten sich Bischöfe von regionalen Fürsten noch Priester vom niederen Adelsstand abhängig machen. Andererseits erscheint dieser Wunsch ein wenig weltfremd. Denn eine den Menschen dienende Kirche muss in der Welt stehen und ist damit eingebunden in das entsprechende Getriebe. Die Frage dürfte eher sein, wie die Abhängigkeiten auszutarieren sind.

Die Klosterpolitik

Klöster waren, wie die vorangegangene iro-schottische Mission eindrucksvoll belegt, eine Kernstütze der Christianisierung und der Bil-

dung. So gründete Bonifatius auch Frauenklöster in Tauberbischofs-
heim unter der Äbtissin Lioba und in Ochsenfurt und Kitzingen unter
der Äbtissin Thekla. Beide stammten aus England. Sein Einsatz für die
Förderung der Bildung von Frauen und deren aktive Mitarbeit in der
Mission ist bemerkenswert. Wie bei den Männerklöstern auch förderte
Bonifatius den Bau von Schulen und Bibliotheken in unmittelbarer
Nähe, so wie er es aus seiner englischen Heimat her kannte.

Insbesondere mit Lioba verband Bonifatius eine enge Seelenver-
wandtschaft. So soll es sein Wunsch gewesen sein, mit ihr gemeinsam
beerdigt zu werden im Kloster Fulda. Dieser wurde ihm jedoch nicht
erfüllt. Immerhin durfte sie das Grab des Bonifatius besuchen, obwohl
Frauen der Zutritt zu Männerorden verboten war. Später war Lioba mit
der Frau Karls des Großen befreundet und offensichtlich eine hoch-
angesehene Beraterin. Dass Frauen mit Männern auf Augenhöhe sich
austauschen, dürfte in der Zeit die Ausnahme gewesen sein. Die deutlich jüngere Lioba wurde auf dem Petersberg in der Nähe des Klosters
Fulda beerdigt.

Weitere Gründungen waren das Doppelkloster Heidenheim bei
Eichstätt (751/52), dem Wunibald und seine Schwester Walburga vor-
standen, ebenfalls Angelsachsen.

Im Jahre 744 rief Bonifatius das Kloster Fulda auf einem von Karlmann gestellten Grundbesitz ins Leben, mit dessen Ausbau Sturmius
beauftragt wurde. Kloster Fulda war als Eigenkloster als Ort der Kon-
templation und Grablege konzipiert.

Dass ausgerechnet Bonifatius, der so über die Sonderstellungen der
iro-schottischen Klöster wetterte, für sich selbst ein Eigenkloster gründete – das passt nicht so recht zusammen. Aber auch sein Vorgänger
Willibrord hat Kloster Echternach vor allem als persönlichen Rückzugsort und Grablege bauen lassen.

Die Reform der gesamtfränkischen Kirche

Der mächtige fränkische Hausmeier Karl Martell starb im Jahre 741. Bonifatius war zu diesem Zeitpunkt um die 70 Jahre alt. Zunächst übernahmen Karls Söhne Pippin und Karlmann gemeinsam die Nachfolge. Der dritte Sohn Karls, Grifo, wurde von seinen Brüdern in ein Kloster gesperrt. Es ist überliefert, dass der Vater Bonifatius mit dem fürbittenden Gebet für Grifo bereits in dessen Kindesalter beauftragt hatte. Wahrscheinlich drückte Bonifatius das Gewissen angesichts des Geschehens, dem er nichts entgegenzusetzen hatte.

Während der Vater die Reformbestrebungen des Bonifatius in keiner Weise unterstützte und – ja – ihm den Zugriff auf die fränkische Landeskirche so gut er konnte verweigerte, waren die Ausgangsbedingungen bei den Söhnen anders. Beide Söhne waren im Kloster erzogen worden und offen für die Bestrebungen, die Volksbildung und Evangelisierung voranzutreiben. Bonifatius gewann vor allem die Unterstützung Karlmanns.

742/43 hielten die neuen Hausmeier ein Erstes Germanisches Konzil ab, dem in den nächsten Jahren mehrere Synoden folgten. Die jeweiligen Ergebnisse wurden als Reichsgesetze verkündet, die soweit sie die Kirchen betrafen, fränkische Kirchengesetze waren. Bonifatius blies der Gegenwind heftig ins Gesicht: Gegen den Synodenbeschluss von 745, Bonifatius Köln als Metropolitansitz der austrasischen Kirchenprovinz zu geben, waren die Widerstände erfolgreich. Ihm wurde 746 der Sitz in Mainz zugewiesen, der erst unter seinem Nachfolger Lul Metropolitansitz wurde. Der Titel »Erzbischof« wurde Bonifatius nur »als Person« verliehen, also als Verdienst für seine persönlichen Errungenschaften. Mit diesem Titel war jedoch keine Handlungsvollmacht verbunden. Insofern ist er degradiert worden. Es ist leicht zu verstehen, dass Bonifatius wahrscheinlich so gut wie gar nicht in Mainz sich aufhielt und gleich nach Sachsen weiterreiste, um die dort zerstörten Kirchen wiederaufzubauen.

Dennoch konnte sich Bonifatius auf der Synode von 747 durchsetzen: In der fränkischen Kirche wird die kanonische Ordnung unter Leitung des Papstes nach englischem Vorbild hergestellt. Die Bischöfe legten ein Treuegelöbnis an Rom ab. Dennoch waren die Karolinger diejenigen, die die Hoheit über die fränkische Kirche letztlich behielten.

Im gleichen Jahr trat Karlmann – ob freiwillig oder nicht sei dahingestellt – als Hausmeier ab und lebte fortan abgeschirmt in einem Kloster. Pippin wollte Alleinherrscher werden und löste die Merowinger durch einen Staatsstreich ab. Dabei spielte der Papst eine gewisse, letztlich jedoch undurchsichtige Rolle. Im Ergebnis hat Pippin die Berufung auf das päpstliche Urteil, der solle König sein, der die Macht dazu habe, bei seiner Legitimation geholfen. Umgekehrt war dem Papst sehr damit geholfen, dass Pippin ihn bei der Abwehr langobardischer Übergriffe auf die Stadt Rom militärisch unterstützte.

Der Akt der Königssalbung ist bis heute nicht ganz aufgeklärt. Hat Bonifatius, der Papst oder Pippin selbst sich gesalbt? Dass eine Salbung vorlag, scheint unumstritten. Denn das karolingische Königtum sollte als von Gott gewollt verstanden werden und das karolingische Reich ein christliches sein.

Blick auf Frankfurt vom Hoherodskopf

27. Juli 2017
Vom Hoherodskopf nach Kleinheiligkreuz

Essen und pilgern

Die Nacht ist sehr ruhig, kein Straßenlärm, keine Flugzeuge, keine Nachbarn. Nur die vorsichtigen Geräusche des Waldes sind beim sanften Übergang in den Schlaf zu hören. Angeblich hat der Leichenzug hier in der Nähe ebenfalls übernachtet. Eine nahgelegene Quelle wird daher Bonifatiusquelle genannt. Das Leben war damals bestimmt viel »leiser« und »erdiger« als heute.

Der neue Tag beginnt mit einem deftigen Frühstück im sonst leeren Gastraum. Eine Familien-Wochenration Schwarzwälder Schinken liegt da auf einem rustikalen Brett, das vorher ein respektabler Baum gewesen sein muss. Der Schinken schmeckt lecker nach Wald und nach den Buchen-Sägespänen, deren Verbrennen mit wenig Sauerstoff den typischen Räuchergeschmack erzeugt.

»Wir essen mehr als wir ablaufen, oder, was meinst du?«

»Schlimm?«

»Hm, solange wir keinen Verdauungsschlaf brauchen.«

Die beiden Pilger essen nur morgens und abends, trinken aber viel zwischendurch. Und ab und zu gibt es jetzt Himbeeren vom Wegrand. Aber nein – stundenlanges, strammes Laufen mit Gepäck macht nicht hungrig. Im Gegenteil – sie empfinden, dass sie weniger als nach einem normalen Arbeitstag zu sich nehmen. Der Magen ist zufrieden mit dem wenigen, was er bekommt und man selbst ist es auch. Man wird ja im Wald auch nicht ständig an irgendwelche Nahrungsmittel erinnert. Außerdem fehlt den beiden Pilgern bei einer täglichen Laufzeit von rund neun Stunden die Zeit für ausgiebige, ermüdende Mahlzeiten. Zu Bonifatius' Zeiten gab es auch nicht Essen im Übermaß, und sie lebten doch.

Im Regen, im Wald

Wieder regnet es stark. Es geht weiter durch dichten Wald.

»Petrus, du wirst langweilig! Fällt dir keine Abwechslung ein? Ich hätte da einen Tipp.«

Der Blick geht flehend nach oben durchs lichte Kronendach.

Sie steigen den Hoherodskopf hinab und Petrus erhört sie.

»Ich kann zaubern, ich bin eine Regen-weg-macherin, huibui!«

Jürgens linker Fuß schmerzt beim Bergablaufen deutlich stärker als bergauf. Er muss bremsend laufen. Wieder um eine Erfahrung reicher. An einer großen lichten Waldkreuzung, wo sie wieder auf die ausgeschilderte Bonifatius-Route stoßen, stehen wie die Männlein im Walde im purpurroten Regenumhang zwei Frauen, ebenfalls mit Rucksack. Pilgerinnen?

»Guten Morgen!«

»Guten Morgen! Endlich Schluss mit Regen!«

»Gott sei Dank, wir machen grad Pause, um die Ponchos auszuziehen.«

»Wo laufen Sie denn hin?«

»Nach Mainz, wir kommen von Fulda und hatten bisher nur schlechtes Wetter.«

»Och, und wir wollen nach Fulda. Sie sind die ersten Pilger seit Mainz, die uns begegnen.«

»Ja, umgekehrt auch.«

»Wie lange wollen Sie denn insgesamt unterwegs sein?«

»Acht Tage. Wir wollten das mal mit dem Pilgern über mehrere Tage probieren.«

»Interessant, wir auch. Dann noch eine gute Zeit«

»Tschühüüs.«

»Wir haben übrigens gerade die Wasserscheide Rhein-Weser überschritten. Jetzt laufen wir schon im Einzugsgebiet der Fulda, die sich mit der Werra zur Weser vereinigt und in Ostfriesland in die Nordsee mündet. Wurde Bonifatius nicht in Friesland ermordet?«

»Ja, aber in Westfriesland, gehört heute zu Holland.«

Ilbeshausen und Blankenau

Der Wald lichtet sich endlich, wie auch der Himmel. Sie treffen in ein langgezogenes Dorf ein, Jürgens Heimatgebiet. Hier soll es einen Pilgerstempel geben. In der evangelischen Kirche zu Ilbeshausen werden sie fündig. Es ist ein eher junger Kirchenbau aus dem 18. Jahrhundert im späten Barockstil gestaltet, daher ungewöhnlich üppig für diese Region.

Dieses entlegene Gebiet war schon zu Bonifatius' Lebzeiten besiedelt, über eine noch heute bestehende alte Steinbrücke östlich soll der Leichenzug Richtung Osten gegangen sein. Daher auch die Führung der Bonifatius-Route durch dieses Dorf. Jetzt ist der Blick wieder offen. Es wechseln sich die typischen Heckenraine, kleine Wäldchen mit Wiesen und Äcker ab, eingebettet in eine leicht hügelige Landschaft.

In Blankenau, das zur Gemeinde Hosenfeld gehört, bestaunt Renate die Ruinen eines ehemaligen Benediktinerinnen-Frauenkloster mit Hospital. Daneben befindet sich ein später erbautes Propstschloss und das alles in einem Dorf. Jürgen kennt dieses schon und erspart sich den Umweg zugunsten seines lahmen Fußes und geht geradeaus weiter auf der Hauptstraße, wo beide wieder zusammentreffen. Ab diesem Dorf pilgern die beiden, wieder wie zu Beginn der Route, durch katholisch geprägtes Gebiet.

»Gott hat uns die Tiere anvertraut nicht ausgeliefert.«

Das katholische Zentrum Fulda rückt näher. Das Ziel der Pilgertour ist zum Greifen nahe. Weder in Blankenau noch in Hainzell gibt es eine evangelische Kirche. In Hainzell wird der Himmel plötzlich wieder sehr dunkel. Ein heftiger Regenschauer kündigt sich an.

»Jürgen, wir gehen jetzt in die Bäckerei da vorne. Das sieht nicht gut aus.«

»Ja gut, Wettergöttin, hoffentlich haben die noch geöffnet.«

Die Bäckereifachverkäuferin reicht gekonnt zwei Teller Kuchen mit Kaffee an. Sie setzen sich vor das Panorama-Schaufenster an einen kleinen, runden Tisch. Es ist nicht viel Platz im Laden, der von der Bedientheke dominiert wird. Der Kuchen schmeckt wie selbstgemacht und damit himmlisch. Jürgen legt den mittlerweile stark angeschwollenen Fuß hoch auf seinen Rucksack.

Ein Kunde hat den Laden betreten und mustert die Fremden. Im Dorf fallen ja die sofort auf, die nicht dazu gehören.

»Ah, Sie sind Pilger?«

»Ja. Wir sind in Mainz gestartet, hatten die ersten drei Tage pralle Sonne und jetzt seit Tagen die Sintflut. Wenn das mal kein Kontrastprogramm ist. Und jetzt sieht es schon wieder dunkel da hinter'm Wald aus.«

»Ja – dann auf Wiedersehen.«

Der Mann eilt nach Hause. Mit regnerischer Gelassenheit lassen sie es sich schmecken und genießen den heißen Kaffee, als sie von Ferne ein »klagg klagg klagg« hören. Und das Geräusch wird immer lauter.

»Da traben Pferde auf der Straße.«

»Hm, meinst du?«

»Mein ich nicht, weiß' ich. Was machen denn hier Pferde auf der Straße?«

Und dann traben sie an der Bäckerei entlang: zwei elegante Pferde am Halfter im sehr flotten Trab. Renate ist begeistert – wie in einen Fellini-Film versetzt, so träumerisch wirkt die Szenerie. Den Strick hält ein Radfahrer – mit Birkenstocks am Fuß. Renate hält den Atem an. Klagg – klagg – klagg. Vorbei.

»Du, der hat aber Gottvertrauen. Zwei Pferde – am Halfter – durch's

Dorf flott – richtig flott traben zu lassen – am Strick – und selbst radelnd – in Latschen ...«

»Vielleicht sind's Zirkuspferde?«

Der Regenschauer ist durchgezogen, weiter geht's. Ganz ohne Wetternachrichten oder Wetter-App muss man das Wetter nehmen wie es kommt, wie damals.

»Ach, heute regnet es, wir bleiben zuhause« – geht nicht beim Pilgern. Kurz hinter der Landbäckerei sehen sie einen Gnadenhof: Verantwortung Leben e.V. – Tierschutzscheune Hainzell«. Ein großer neuer Hof ist das. Junge Leute in Arbeitskitteln fegen und putzen Pferde – ein harmonisches Bild.

»Hallo, da sind gerade zwei Pferde am Fahrrad durch's Dorf getrabt. Gehören die zu Ihnen?«

»Joh, gerade in den Stall gekommen.«

»Hübsche Tiere. Sehen gar nicht so nach Gnadenhof aus.«

»Ja, haben wir sie aufgepäppelt. Die sahen vor dem Schlachthof ganz anders aus; haben's halt als Traber nicht mehr gebracht – Siegen, das große Geld und so.«

»Ja, und Sie haben die Tiere gerettet!«

»Gott hat uns die Tiere anvertraut, nicht ausgeliefert – steht auf unserer Homepage.«

Der Gnadenhof am Ortsrand scheint ein beliebter Jugendtreff zu sein und sinnvolle Beschäftigung zu garantieren.

Zärtliche Sätze und Hau-Drauf-Sätze

Raus aus dem Café am Dorfrand führt der Weg weiter auf einem lang gestreckten Hügel hinauf in den Wald hinein. Es kommt, wie es kommen musste: Es blitzt, es donnert! Plötzlich hält ein Auto auf dem Feldweg neben uns an, kurz bevor der Wald beginnt. Die Scheibe geht runter und ein Mann – nein, nicht ein Mann – der Mann aus der Bäckerei ruft:

»Ich hab' Sie rauflaufen sehen. Muss eh in die Richtung – soll ich Sie bei dem Sauwetter ein Stück mitnehmen?«

Sie sind gerührt, lächeln so sonnig, wie das Petrus erlaubt.

»Ach, das ist sehr freundlich von Ihnen. Aber wir sind eh schon nass und müssen uns ein bisschen bewegen, uns warmlaufen. Sehr aufmerksam von Ihnen und vielen Dank für das Angebot. Wir gehen lieber zu Fuß weiter.«

»Dann noch einen guten Weg!«

Langsam neigt sich der letzte Regenschauer auf ihrer Pilgertour dem Ende entgegen. Das Grün am Wegesrand wirkt frisch und knallgrün im Abendlicht.

»Wenn des Tages Licht vergeht, oh Herr der Welt, hör' dies Gebet ….«, kommt Renate in den Sinn. Dies ist das einzige Abendgebet für Erwachsene, das sie kennt. Erwachsen – wann ist jemand erwachsen? Im Bewusstsein der Selbstverantwortlichkeit und diese im Leben in Anspruch nehmend.

»Aber, gell, Jürgen, wir sind doch Kindsköpp, oder – dann und wann?«

»Nach einem chinesischen Sprichwort sollte man sein Kinderherz nie verlieren,« lacht Jürgen zustimmend und denkt »und mit Schmerzen weiterlaufen …«.

»Apropos – dann und wann – und dann und wann ein weißer Elefant – kennst du das Gedicht?«

»Nö, persönlich unbekannt.«

»Das Karussell von Rilke – Und dann und wann ein weißer Elefant – Und manches Mal ein Lächeln, hergewendet, ein seliges, das blendet und verschwendet an dieses atemlose blinde Spiel … findest du, dass das Leben ein Spiel ist?«

»Ein Spiel? Nein, dafür ist es zu ernst und oft genug schmerzhaft.«

»Ich find' schon – ich spiel' immer mit offenen Karten.«

»Weiß ich. Weißt du eigentlich, warum Amerikaner es so leicht hinnehmen, wenn es ihnen wirtschaftlich schlecht geht?«

»Weil Amerikaner – solange sie eine Waffe tragen können – immer zufrieden sind?«

»Blödsinn. Im protestantischen Amerika bist du immer selbst schuld an deinem Elend. Es ist ja das Land der unbegrenzten Möglichkeiten – das Land, in dem jeder glücklich werden kann – wenn er bzw. sie es raushat.«

»Was raushat? Die Spiel mit dem Kapitalismus?«

»Genau. Verrückt, oder?

»Selbstverantwortung ist ja gut und schön, aber es kann auch zu weit gehen, oder?«

»Ja, aber man bleibt immer verantwortlich, man trägt jedoch nicht immer selbst die Schuld an seinem Schicksal«, meint Jürgen.

An der Hessenmühle, kurz vor ihrem Übernachtungshotel in Kleinheiligkreuz, steht ein Mann im Blaumann im Garten werkelnd. Er grinst die Pilger an mit den Worten:

»Jetzt bin ich fertig mit der Arbeit und die Helfer kommen.«

»Hallo,« leicht gequältes Lächeln, den guten Willen anerkennend.

Wenig später: »Ich weiß nie, was ich auf solche Hau-drauf-Sätze sagen soll.«

»Wieso – Hau-drauf?«

»Ja, ich fühl bei solchen Sätzen so, als hätte mir einer lachend auf den Kopf gehauen. Ich kann damit gar nicht umgehen.«

»Wir haben Sorgen – also – wenn's weiter nix ist….«

Manchmal sind es gerade die kleinen Dinge im Leben, die uns zu schaffen machen. Wenn man tagelang pilgert, isoliert vom Weltgeschehen, von anderen Menschen, kommt man immer näher zu sich und zu den eigenen, kleinen Dingen, dem eigentlich Wesentlichen. Vielleicht entfernt man sich auch ein bisschen weiter weg von anderen Menschen und ihren Problemen.

Kleinheiligkreuz hat eine bedeutende Wallfahrtskirche. Hier rastete der Leichenzug des Bonifatius zum letzten Mal auf dem Weg von Mainz nach Fulda, genau wie wir jetzt. Die letzte Etappe, noch knapp 14 km, dann heißt es Abschied nehmen und wieder zurück ins »normale« Leben.

Die Gedanken passen sich schon langsam der nahenden Zukunft an. Was ist zuhause wohl alles liegen geblieben?

Abends im Restaurant entdecken sie diesen Spruch an der Wand: »Lieber im Wald bei einer wilden Sau, als daheim bei einer bösen Frau«.

Ein Wallfahrtslied: Psalm 133

Segen der brüderlichen Eintracht

1 Von David, ein Wallfahrtslied. Siehe, wie fein und lieblich ist's, wenn Brüder einträchtig beieinander
wohnen!

2 Es ist wie das feine Salböl auf dem Haupte Aarons, / das herabfließt in seinen Bart, das herabfließt zum Saum seines Kleides,

3 Wie der Tau, der vom Hermon herabfällt auf die Berge Zions! Denn dort verheißt der HERR Segen und Leben bis in Ewigkeit.

Lutherbibel, revidiert 2017
© 2016 Deutsche Bibelgesellschaft, Stuttgart.

28. Juli 2017

Von Kleinheiligkreuz nach Fulda

Kultiviert pilgern

»I hob zwoar ka Ohnung wo i hinfoahr, aber dafür bin i gschwinder duat ...«, singt Helmut Qualtinger in seinem Lied »Der Halbwilde«. Nun, Pilgern ist dazu das Kontrastprogramm. Das Ziel ist klar definiert – hier: das Grab des hl. Bonifatius in Fulda und der Fußweg dorthin. Und »g'schwind« ist die Fortbewegung auf Schusters Rappen auf über 180 Kilometern Distanz nicht. Es gibt E-Autos, die schaffen das in einer Stunde, theoretisch. Allerdings ist nicht jeder, nur weil er pilgert, das Gegenteil von einem »Wilden« oder einem »Halbwilden«.

Was ist in diesem Zusammenhang überhaupt »kultiviert«? Oder mal enger formuliert »kultiviert sein und richtig pilgern«, wie geht das eigentlich?

»Wir haben für eine Pilgertour ganz schön viel Spaß zusammen – ob das erlaubt ist?«

»Ich meine, letztlich ist alles erlaubt, was hilft ans Ziel zu kommen, oder?«

Jürgen hat heute Morgen einen solchen Schmerz im Fuß, dass die Konversation sehr bescheiden ausfällt. Renate kann nicht hingucken, Jürgen muss. Der linke Fuß ist stark geschwollen und ganz rot – nö, der will nicht mehr!

Nö, das will sie sich nicht antun, denkt Renate, Jürgen den Schmerzensmann neben sich, mit verzerrtem Gesicht, weiter hinken zu sehen. Es tut ihr selbst zu weh. Geteilter Schmerz – halber Schmerz?

»Meine Beine könnten noch weiter laufen, aber durch die Schonhaltung beim Gehen werden die Schmerzen nur noch größer und ich immer langsamer. Das frustriert.«

Renate hat ein Zugticket mit Zugbindung bis Bochum und die Besichtigung des Doms steht noch an. Jürgen fühlt die Verantwortung über den weiteren Verlauf der Pilgertour wie eine Last. Hat er jetzt das Ganze vermasselt, so kurz vor dem Ziel? Nur noch vierzehn Kilometer! Die Entscheidung fällt nicht leicht. Beidseitiges Abwägen ohne Groll hilft.

Auf der anderen Seite trösten sie sich mit dem Gedanken, dass sie bestimmt die eigentlichen 180 »Pflicht«kilometer der Laufstrecke geschafft haben. So viele Umwege – geplante wie ungeplante – haben sie in Kauf genommen.

Auch Renate spürt die acht Pilgertage in den Beinen. Ein gewisser Erschöpfungszustand war grundsätzlich am Ende abzusehen, weshalb für die letzte Etappe eine relativ kurze Strecke eingeplant wurde. An anderen Tagen hatten sie immerhin über dreißig Kilometer geschafft. Geh' schon mal langsam vor, kann sie nicht vorschlagen – mitgefangen, mitgehangen, die kultivierte Renate eben.

»Nun, dann hilft mir also, jetzt mit Schmerzen zu laufen – so siehst du das doch, oder? Und du warst das ja schon in Frankreich: la femme practique. Klar, eine wie du trainiert und läuft ihre Wanderschuhe vorher richtig ein.«

»Prust – la femme practique – ja, so schön war die Zeit. Jetzt mal konkret: Wir fahren nach Fulda, ich bestell' ein Taxi an der Rezeption für uns, doch: la femme practique.«

Jürgen schweigt und nickt Ob er wegen der Taxi-Lösung oder wegen seines lädierten Fußes enttäuscht dreinblickt, weiß er selbst nicht. Er muss erstmal in die Gänge kommen.

»In der Zwischenzeit guck' ich mir die alte Kapelle an.«

Letztlich kann man beim Pilgern über einer Woche nie wissen, wie es weitergeht und wie es ausgeht. Denn was klappt und was nicht, ist schwer vorhersehbar. Jeder hat ja auch andere Motive los zu pilgern. Und bei jedem geht es bezüglich des »Klappens« um andere Dinge. Die einen möchten einfach nur mal heraus aus der Tretmühle. Die nächste steckt in einer Lebenskrise und sucht den Abstand dazu. Ein weiterer wird Vater oder steht vor einer folgenreichen Berufsentscheidung und will »die Geister unterscheiden.«

Renate möchte eine Frömmigkeitsübung ausprobieren, die ihr sympathisch ist, da sie mit Bewegung verbunden ist. Schließlich ist sie jahrelang Marathon-Wettbewerbe gelaufen; Laufen und Meditieren sind ihr vertraut.

Jeder muss das Pilgern selbst erlaufen, erleben – und ausprobieren. Dabei können Pilger-Ratgeberbücher oder Pilger-Tagebücher und auch spirituelle Begleitbücher inspirieren und die Ungewissheit gerade bei längeren Pilgertouren erträglicher machen.

Hingegen hat sich Jürgen absichtlich nicht durch körperliches Lauftraining oder Ratgeberlektüre vorbereitet. Er wollte die Belastung und die Aufgabe nachspüren können, wie vor hunderten von Jahren es den Leuten wie Missionaren oder Händlern erging. Eine seiner Motivationen für diese Pilgertour war es, die Reise zu Fuß genauso »gewöhnlich« zu beginnen und durchzuführen wie es zur Zeit Bonifatius' geschah, das heißt aus dem eigenem »gewöhnlichen« Alltag heraus eine große Anstrengung zu vollbringen. Dass dies nicht leicht werden würde, war ihm klar. So rechnete er schon damit, an seine Grenzen zu gelangen und nur durch seinen festen Pilgerwillen und Gottvertrauen durchhalten zu können, trotz aller »weltlichen« Widrigkeiten. Nur die neuen Schuhe hätte er vorher länger einlaufen sollen. Hinterher ist man klüger; ein Zeichen, dass es sich gelohnt hat – oder?

Kardinal Ratzinger hat in seiner Zeit als Präfekt der römischen Glaubenskongregation in einem Interview lächelnd gesagt: »Es gibt so viele Weg zu Gott, wie es Menschen gibt.« Jeder muss seinen Weg finden und Jürgen sinniert am Fenster, auf den kleinen Bach blickend, der über die Lüder bis nach Fulda fliesen wird.

Die Wallfahrtskapelle von Kleinheiligkreuz

Ja, diese Kapelle bzw. Wallfahrtskirche hilft Renate beim Sinnieren: Wie kommt so eine schmucke Kapelle in den tiefen Wald?

Nach der Legende rastete hier am 7. Juli 754 der Leichenzug des hl. Bonifatius. Sicher war hier der Kreuzungspunkt zweier Handelswege.

»Kleinheiligkreuz« hat eine wechselvolle Geschichte. Und diese ist interessant, da im Kleinen auch immer die große Geschichte steckt. Haben wir ja bei »Der zerbrochene Krug« von Kleist gelernt: Da zerdeppert einer einen Krug und wer dann den Dingen auf den Grund geht, kommt in der großen Weltgeschichte an.

Also: Im 14. Jahrhundert wurde hier eine Kapelle samt einem Hof gebaut. Die Legende besagt, dass sich ein ganz kleines Stück vom Kreuz Jesu, ein sogenannter Kreuzpartikel, in dem Kreuz in der Kapelle befindet. Die Mutter Kaiser Konstantins soll das Kreuz Jesu unter einem heidnischen Tempel gefunden haben. Seitdem wurden die kleinsten Splitter in alle Welt geschickt, um Wunder zu wirken. Es existieren sehr viele Geschichten zur Wundertätigkeit dieser Splitter.

So habe auch der Splitter in Kleinheiligkreuz eine Wunderheilung erwirkt. Zum Dank ließ der Geheilte eine Kapelle bauen, die der hl. Elisabeth und der Gottesmutter geweiht war. Hundert Jahre später kam ein Altar in die Kapelle, die mittlerweile ein gut besuchter Wallfahrtsort war. Im 17. Jahrhundert war die Kirche baufällig, so dass der zuständige Bischof beim Papst einen Abriss erwirkte. Daraufhin verstärkten sich wieder die Zahlen der Pilger und der Wallfahrten. Die einfachen Menschen stimmten so mit ihren Füßen gegen den Abriss.

Jetzt pflanzte man die sogenannte »Bonifatiusbuche« hinter der Kapelle am Standort des früheren Bonifatiuskreuzes. Es ist der Platz, der als letzte Rast des Leichenzugs des Bonifatius nach Fulda gilt.

Und gleich machte man sich daran, eine neue Kapelle zu errichten. Der Hof um die Kirche war bereits im 17. Jahrhunderts in Privatbesitz. Mit der Säkularisation Anfang des 19. Jahrhunderts wurden die Gottesdienste verboten und wieder ein Abriss beschlossen. Es kam jedoch nicht dazu. Allerdings wurden die Hofbewohner in die Nachbarpfarrei eingemeindet und die Kirche profanisiert und versteigert.

Das Gebäude ersteigerte der Hofbauer, die Glocken, der Kreuzpartikel und Inneneinrichtung wurde auf verschiedene Pfarreien verteilt. Der Hofbauer erwirkte beim Bistum das Recht, einen Teil der Kirche als Privatkapelle zu Ehren des hl. Bonifatius und des hl. Sturmius abzutrennen.

Anfang des 20. Jahrhunderts wurden Kapelle und Kirche vom Bistum zurückgekauft und neu geweiht – diesmal zu Ehren des hl. Rabanus Maurus und des hl. Kreuzes. Die Kirche behielt ihren Status als Wallfahrtskirche bei. Eine Glocke wurde für den 1. Weltkrieg eingeschmolzen. Danach brach die Wallfahrt wegen der Umgemeindung der Kirche weg.

1913 kehrte der Kreuzpartikel zurück in die Wallfahrtskirche. Erst 1959 erhielt die Kapelle eine neue zweite Glocke von einem Hamburger Friedhof. 1970 wurde der Altar entfernt und durch einen anderen barocken Altar ersetzt.1990 fiel die »Bonifatiusbuche« einem Sturm zum Opfer und wurde 1992 durch eine neue Buche ersetzt. Die Wallfahrt hat erst 1980 auf dem alten Wallfahrtsweg wieder eingesetzt und wird bis heute aufrechterhalten.

Die heute schlichte und gerade deswegen beeindruckend helle und luftige Kirche an diesem steilen Hang gelegen ist eine Augenweide.

»Wo bleibst du denn? Das Taxi ist da!«, ruft Jürgen.

Am Ziel der Pilgerreise

Die Sonne scheint wie zu Anfang der Pilgerreise in Mainz. Beide lassen die Landschaft an sich vorbeiziehen, in einer nun schon ungewohnten Geschwindigkeit, wie aus einer anderen Zeit, aus einer anderen Welt. Sie schweigen – zu kurz ist die Fahrt, um gedankliche Tiefen zu entwickeln. Die Ruhe während der Taxi-Fahrt hat auch etwas Verrsöhnliches; versöhnlich mit den Schmerzen und den Entbehrungen, aber auch damit, täglich eins mit der Natur zu sein, mit spirituellen Gedanken und Gesprächen über Bonifatius und seine Zeit. Die Fahrt in der »Blechkiste« ist wie die Geburt zurück in die hektische Zivilisation.

Es ist ein freundlicher Tag, als das Taxi mit dem bekannten Stern sie mitten in Fulda absetzte. Nicht nur dem besagten linken Fuß hat diese Fahrt gut getan.

Zieleinläufe bei Sportveranstaltungen können sehr emotional sein. Bei Pilgerreisen ist es ebenso. Renate hat jedoch nie verstanden, dass Zieleinläufer in Tränen ausbrechen oder euphorisch sind. Für sie war immer klar: ankommen tu ich auf jeden Fall, egal wie und wann, auch nach über einhundert Kilometern. Vielleicht ist das ein Grund für ihre Unaufgeregtheit im Pilgerziel. Es ist ja klar, dass man ankommt.

Es gibt eine Ausnahme: Renate hat in der Matthias-Basilika in Trier auf der Wallfahrt mit den Matthiasbrüdern nach über zweihundert Kilometern über die Eifel auch einen emotionalen Ausbruch erlebt, den sie nicht erwartet hatte. Allerdings erst nach dem offiziellen Empfang durch den Wallfahrts-Rektor, dem obligatorischen Gruppenfoto und dem Abschied der meisten Mitpilger am Abend. Da saß sie in der Krypta und guckte so vor sich hin. Eine junge Familie mit zwei Kindern ging auf das schlichte Kreuz vor einem Buntglasfenster zu. Die Eltern knieten und die Kinder liefen umher, quietschten ein bisschen herum und drehten sich um das Kreuz. Die Eltern ließen sie gewähren. Dann standen sie auf, bekreuzigten sich. Die Kinder taten das einfach ebenso und drehten sich im Fortgehen um. Einige Schritte entfernt, drehte sich das jüngere Kind wiederholt um und sagte deutlich und fröhlich winkend: »Tschüs Jesus.« Es war zum Heulen schön. Da fehlte ihr die Kraft, dies zu unterdrücken.

Fuldaer Dom

Sie gehen durch die Stadt direkt Richtung Dom, diesmal treffsicher. Jürgen kennt sich hier gut aus. Das Zielobjekt der Pilger, der Dom zu Fulda, ist ihm vertraut.

Dieser ist ein imposanter Bau: knapp einhundert Meter lang, knapp vierzig Meter hoch unter der Kuppel und zwei fünfundsechzig Meter hohe Türme – obwohl er in einer Senke steht, ist er von weitem nicht zu übersehen. Der Fuldaer Dom in seiner heutigen Form wurde 1704 in nur acht Jahren erbaut.

Die Vorgängerkirche, die *dreischiffige* Ratgar-Basilika aus dem Jahr 819, sollte bewusst dem Kirchenbau über dem Grab des Apostels Paulus ähneln. Sie war damals die größte Basilika nördlich von Rom. Abt Ratgar war der dritte Abt nach dem Gründungsabt Sturmius in Fulda. Innerhalb von nur kurzer Zeit lebten im Kloster Fulda rund vierhundert Mönche. Ratgar sorgte für die beste Ausbildung der begabtesten Klosterschüler. So schickte er u.a. den späteren Mönch Hrabanus Maurus zu den Elite-Lehrern der damaligen Zeit.

Allerdings geriet er in Streit mit seinen Mitbrüdern. Anlass waren seine ehrgeizigen Baupläne für eine neue Basilika, denen er Mittel zur Versorgung der Mönche und der Armen opferte. Es kam zu einem offenen Eklat. Ludwig der Fromme ließ ihn zeitweise verbannen. Das wäre heute so, als könnte ein Ministerpräsident einen Abt im eigenen Bundesland einfach absetzen. Unvorstellbar, aber damals waren die Verflechtungen zwischen Regierung und Kirche viel enger. Außerdem hatten die Orden und Klöster noch keine Generaläbte, die sich hätten zwischenschalten können. Später lebte Ratgar abgeschieden. Allerdings würdigten bereits die Zeitgenossen sein Lebenswerk: die Ratgar-Basilika, deren Bau er durchsetzte.

Viele Pest-Epidemien sorgten dafür, dass die Bevölkerung nur sehr langsam wuchs: zwischen 1000 v. Chr. mit rund einhundert Millionen Menschen bis 1600 n. Chr. auf rund vierhundert Millionen Menschen.

Erst im 16. Jahrhundert schrieb ein hessischer Arzt die erste Dissertation über die Pestkrankheit, die schon seit vielen hundert Jahren weltweit gefürchtet war. Danach ist die Weltbevölkerung in nur vierhundert Jahren auf gegenwärtig knapp acht Milliarden Menschen steil angestiegen.

Die Ratgar-Basilika bildete über 800 Jahre lang bis ins 17. Jahrhundert das geistige Zentrum in Fulda. Der dreißigjährige Krieg war ein traumatischer Einschnitt für die deutschen Staaten. Er kostete vierzig Prozent der Bevölkerung das Leben und die meisten Kirchenarchive, das damalige geschichtliche Gedächtnis einer Nation, wurden größtenteils zerstört. Nach dem verheerenden dreißigjährigen Krieg war die Basilika jedoch geplündert und völlig heruntergekommen.

Der neue Zeitgeist sprach sich in Bezug auf einen Kirchenneubau für die barocke Formsprache aus. Außerdem erschienen die riesigen Ausmaße der Basilika nicht mehr angebracht. Die Basilika wurde geschliffen und der deutlich kleinere, heutige Dom geplant. Und doch hat der Fuldaer Dom etwas sehr Erhabenes, Strenges, Gerades – insofern »Unbarockes« – in seinem Erscheinungsbild. Der große Vorplatz, der auf die deutlich größeren Ausmaßes der alten Basilika hinweist, wirkt wie ein riesiger »roter Teppich« oder wie ein Amphitheater. Renate denkt spontan und laut: »Pilger, kommt ihr nach Fulda, seht mich an, dann verkündet … .«

»Ja, dann sehen wir uns doch mal an, wie und wo der heilige Bonifatius liegt.«

Die Innenarchitektur lehnt sich an den Bau des Petersdoms in Rom an. Die helle Wandfarbe und viel Licht wirken einladend und freundlich. Ganz im Gegensatz zum Mainzer Dom, der Ausgangspunkt, der Pilgerreise – vom Dunklen zum Licht! Die barocke Ausstattung ist wenig aufdringlich. Die Maria schaut mit dem Jesuskind freundlich. Sie steht dabei auf einer Kugel.

Mondsichelmadonna

»Was bedeutet die Kugel, auf der Maria steht und oft zu sehen ist? War es nicht schon so in Hochheim?«

»Die Erde vielleicht?«

Der Dom ist voller Leute und geführten Gruppen. Renate fragt den Kirchenführer, der gerade mit seinen Touristen zu der menschengroßen Skulptur hinauf sieht. Es ist eine Schutzmantel-Madonna, die immer auf einem Mond stehend gezeigt wird. Den Hintergrund bildet hier die Offenbarung des Johannes:

«Dann erschien ein großes Zeichen am Himmel: eine Frau, mit der Sonne bekleidet; der Mond war unter ihren Füßen …. Ein weiteres Zeichen erschien am Himmel: ein Drache …. und sie gebar ein Kind, einen Sohn, der über alle Völker mit eisernem Zepter herrschen wird. Und ihr Kind wurde zu Gott und zu seinem Thron entrückt. (Offb 12,1–5)«

Im Mittelalter war die Darstellung der Maria mit Mond und Drachen sehr beliebt. Ihr Mantel bot Schutz – immerhin ist sie mit der Nacht (dem Mond) und dem Drachen fertig geworden. Und so steht hinter Jesus, wie hinter jedem starken Mann, eben eine starke Frau.

»Also – Maria – eigentlich weiß ich nicht viel über sie. Im Koran wird sie ausführlich erwähnt, öfter und intensiver als in der Bibel, habe ich gehört.«

»Sie sagt in der Bibel so gut wie nichts, kein Wunder.«

»Aber sie hat »Ja« zu Jesus gesagt.«

»Ich bitte dich – hatte sie denn eine Wahl?«

»Trotzdem – ist es nicht schön?«

»Ja – bei Marienliedern kann ich manchmal gar nicht mitsingen – sie rühren mich so sehr. Es wundert mich selbst; vielleicht weil ich weiß, dass mein Onkel Marienlieder so mochte und auf seiner Beerdigung mir diese Lieder sehr nahegingen. «

Bonifatius-Gruft

Bonifatius-Gruft

Das Treiben im Dom ist so dicht wie an einem Sonntagnachmittag im Louvre. Es ist ungemütlich, laut und wenig besinnlich für eine Kirche. So gehen sie schnell zum Grab in die Krypta, zu der breite Treppen von beiden Seiten hinab führen. Der Grab-Altar ist imposant aus schwarzem Marmor und Alabaster. Im Fünf-Minutentakt gehen die internationalen Besichtigungsgruppen mit ihren Führern, die Mikrofone tragen, am Grabmal vorbei.

Das Antependium, also die vordere sichtbare Grabplatte, zeigt Bonifatius im Bischofsgewand, wie er auferstehend behende mit Hilfe von zwei Engeln, die die Grabplatte nach oben lupfen, das Grab verläßt. Ja, das war die große Sorge des Bonifatius zu Lebzeiten: »Klappt das mit der Auferstehung? Bin ich würdig? Komme ich in den Himmel?« Der Gestalter der Grabanlage, Johann Neudecker, hat im Jahre 1710 mit seiner Bildhauerarbeit den hl. Bonifatius praktisch sofort auferstehen lassen. Ein gewisser Witz ist dieser Arbeit nicht abzusprechen.

»Ich muss hier raus.«

»Oben gibt es auch noch viel Interessantes zu sehen, in den Seitenflügeln.«

»Aber nur schnell durchhuschen.«

Michaelskirche

Neben dem Dom befindet sich die kleine, aber altehrwürdige Michaelskirche. Was für ein Kontrast! Der grobe Bau verweist auf seine romanische Entstehungszeit. Und richtig: der älteste Teil der Kirche ist um 820 entstanden und seitdem ununterbrochen als Kirche zugänglich.

Ursprünglich als Kapelle für den Mönchsfriedhof erbaut hat sie der vierte Fuldaer Abt Eigil. Die trutzigen Türme haben Charakter: Einer weist eine Pyramidenform auf. Der andere ist wie aus einer anderen Zeit, ein spitzer Kegel. Dabei wurden beide im 17. Jahrhundert aufgesetzt – witzig – Kirche kann zweideutig wirken.

Sie betreten die Michaelskirche auf der Westseite unter dem Pyramidenturm. Nur wenige Besucher sind anwesend. Am Eingang sitzt ein gesprächiger Aufpasser, stempelt die Pilgerausweise und bittet um Spenden für die Erhaltung des Gebäudes.

»Ach, Sie haben ja einen guten Job – in so einer schönen Kirche sitzen.«

»Ja, mach' ich ehrenamtlich. Freitags habe ich frei. Und ich freue mich, dass auch Ihnen die Kirche so gut gefällt – gehen Sie doch mal durch.«

Besucher finden sich zunächst in einem langen Raum mit Stühlen und sehr, sehr dicken Wänden und großen Fensterflächen wieder. Die Decke weist Holzquerbalken auf. Der Innenraum ist karg mit wenigen spätgotischen Heiligen-Bildhauereien gestaltet. Es öffnet sich dahinter eine Rotunde mit acht Säulen, einem Rundgang und im Zentrum ein Altar aus Sandstein. Abgeschlossen wird der Raum von der Apsis, einem Halbkreisbau gen Osten. Die Rotunde ist dem Bau der Grabeskirche in Jerusalem nachempfunden. War Abt Eigil persönlich in Jerusalem?

Eine dezente barocke Ausstattung bildet einen Kontrapunkt zur Schlichtheit der karolinischen Baukunst – spannend. Gerade das Mixtum compositum dieses Kirchenraums – eigentlich sind alle Baustile bis ins 18. Jahrhundert vertreten – inspiriert – ja es verzückt geradezu angesichts der Vielfalt menschlicher Ausdrucksmöglichkeiten. Ob Gott der Urheber dieser ist oder nicht, ist angesichts der Art von erlebbarer Spannung in diesem Raum keine Frage. Das Woher spielt im konkreten Moment selbst keine Rolle, nicht wahr? Der Moment ist ohnehin das Geheimnis des Lebens schlechthin – ist er da, ist er schon wieder weg – es gibt ihn nicht – und doch ist Leben ohne den Moment kein Leben. Vielleicht tun die vielen Grabplatten um sie herum noch ihr Übriges zur Raumempfindung dazu.

Sie gehen in die Krypta hinunter. Der schneeweiße Kalkanstrich macht die Enge erträglich. Es ist kellerkalt. Sehr schmale Gänge führen in Ausbuchtungen, die wie kleinste Mönchszellen anmuten. Da kann doch keiner leben! Wahrscheinlich haben dort mehr oder weniger freiwillig doch Menschen ausgeharrt – unter der Erde in dicken Mauern – Klausur pur.

Über die Bausymbolik der Michaelskirche hat im 9. Jahrhundert der Mönch und Schreiber Brun Candidus, wie er selbst schreibt, angelehnt an die Sichtweise seines Abts Hrabnus Maurus, folgendes berichtet: Die Rotunde wird von der Mittelsäule in der Krypta getragen und steht für Christus. Auf ihm ruht die Welt, die ja nichts anderes als seine Kirche sein kann, die zum Heil führt.

Die Kreisform kann symbolisch als das ewige Leben gedeutet werden. Jürgen erinnert an das monomentale Castel del Monte aus der Zeit des Stauferkaisers Friedrich II. im Süden Italiens: »Ob das achteckige Bauwerk, das der Kaiser Friedrich gebaut hat, dieselbe urchristliche Bedeutung haben könnte? Angeblich ist die Bedeutung dieser Burganlage noch nicht geklärt.«

Der ursprüngliche Schlussstein der Rotunde, der älteste Gebäudeteil, befindet sich in der Apsis, die nach Osten und dem Morgenlicht entgegen schaut. Brun Candidus schreibt weiter, dass damit zum Ausdruck gebracht werden soll, dass Christus das Licht der Welt sei. Übrigens folgt im Matthäus-Evangelium genau diese Formulierung den Seligpreisungen.

Ein Abschied mit Folgen

»Eigentlich ist die uralte Michaelskirche der richtige Abschluss unserer Pilgertour – ganz im Sinne des hl. Bonifatius. Auch er war ein Mann des Gotteswortes, was ja die Michaelskirche in Steinen zumindest in meinen Augen eher ist als der pompöse Dom«, meint Jürgen.

Renate weist auf die zentrale Rolle der Seligpreisungen der Bergpredigt hin, die die acht Säulen der Rotunde versinnbildlichen sollen.

»Wir haben in den letzten Tagen ganz schön viel erlebt und tiefgreifende Gespräche geführt.«

»Wir sollten ein Heft über unsere Pilgertour schreiben – oder?«

»Darüber muss ich erst nachdenken, aber eine neue Herausforderung wäre es bestimmt.«

Wie bedingt sind doch Welt-, Kultur- und Selbstverstehen! Die »gehende« Annäherung an die geistliche und weltliche Lebenswelt des Bonifatius zeigt, wie fremd und doch vertraut diese sich noch heute entfalten kann.

Die Zeit, die Abfahrtzeit, drängt. Die Fahrkarte schon lange gebucht, noch schnell eine Tasse Kaffee mit Rosinenbrötchen und wie mit einem Kopfsprung ins Wasser geht es unvermindert zurück in die normale Welt des individuellen Alltags – oder doch nicht ganz?

Renate und Jürgen verabschieden sich herzlich am Hauptbahnhof Fulda. Die Gedanken an das komplexe Morgen mischen sich mit denen an das einfache Gestern der Pilgertour. Der heraufziehende Alltag und diese Pilgerwanderung wollen nicht deckungsgleich werden, können es auch nicht. Umso größer ist das Wirrwarr im Kopf.

Es wird auch ein innerer Abschied vom Pilgern mit Rucksack, vom Pilgersein in Wanderschuhen, vom Laufen mit müden Beinen, vom täglich jemand und etwas Neues entdecken, von den Gesprächen und von schon einer gewohnten, weil wohltuenden Langsamkeit und Achtsamkeit. Abschließend ein »Dann, auf Wiedersehen! Wir hören voneinander.«

Ein Wallfahrtslied: Psalm 134

Nächtliches Loblied im Tempel

1 Ein Wallfahrtslied. Wohlan, lobet den HERRN, alle Knechte des HERRN, die ihr steht des Nachts im Hause des HERRN!

2 Hebet eure Hände auf im Heiligtum und lobet den HERRN!

3 Der HERR segne dich aus Zion, der Himmel und Erde gemacht hat!

Lutherbibel, revidiert 2017
© 2016 Deutsche Bibelgesellschaft, Stuttgart.

IV. Bonifatius, der Heilige

Die Heimführung des Leichnams und der Beginn des Bonifatius – Kults

Es ist leicht vorstellbar, dass die Leiche des Bonifatius im warmen Sommer 754 schnell verweste. Um den Geruch und vor allem die giftige Wirkung zu bannen, dürfte der Leichnam mehrmals mit in Pech getränkten Tüchern balsamiert worden sein. Der lange Weg von Mainz nach Fulda war gewiss sehr speziell für die Menschen, die diesen Transport durchführten.

Unmittelbar nach der Beerdigung setzte eine Verehrung an jenen Orten ein, die zu seinen Lebzeiten in besonderer Weise mit ihm verbunden waren.

Sobald die Todesnachricht in England, Bonifatius' Heimat eintraf, berief der Erzbischof von Canterbury eine Synode zusammen. Es wurde beschlossen, Bonifatius neben Augustinus von Canterbury und Papst Gregor den Großen zum Schutzpatron der Angeln bzw. Briten zu erheben.

Das von England ausgehende Bonifatiusbild wirkte wahrscheinlich auf die Angelsachsen Luitger und Willehad so stark, dass sie Dokkum als Ausgangspunkt ihrer missionarischen Tätigkeit auf dem Festland wählten.

Zwar schrieb Lul in Mainz eine erste Bonifatius-Biographie. Aber eine intensive entsprechende Verehrung an diesem Ort setzte nicht ein. Anders in Fulda: Das Fest des Heiligen am 5. Juni wurde alljährlich gefeiert und zog entsprechend Besucher an. Diese Entwicklung forcierte der Fuldaer Abt Hrabanus Maurus im 9. Jahrhundert. Ebenso wurden in den Klostergründungen von Bonifatius entsprechende Feste gefeiert.

Trotzdem lässt sich zusammenfassend feststellen, dass trotz der frühen Verehrung als Apostel Bonifatius vor allem ein Lokalheiliger war.

Der Bonifatius-Kult seit dem 19. Jahrhundert

1586 wurde Bonifatius als Apostel Germaniens in das Martyrologium Romanum, dem Verzeichnis aller Heiligen und Seligen der römisch-katholischen Kirche, aufgenommen. In der Zeit der Reformation dient er als Gegenentwurf zu Luther. Hier der Garant der Einheit des Glauben – da der Spalter des Glaubens. Nach dieser konfessionellen Vereinnahmung folgt im 19. Jahrhundert in Deutschland die nationale: Aus dem lokalen Bonifatius wird ein in ganz Deutschland verehrter Heiliger.

Mitte des 19. Jahrhunderts gibt sich das katholische Hilfswerk für die Diaspora den Namen »Bonifatiuswerk«. Im Jahre 1874 wird das Bonifatiusfest in das römische Messbuch aufgenommen. Die deutschen Katholiken suchten nach ihrer Rolle nach dem Ende des Römischen Reichs deutscher Nation und einer Symbolfigur der deutschen Einheit. Erst durch diese Entwicklung wurde Bonifatius ein volkstümlicher Heiliger.

Die 1848 gegründete Deutsche Bischofskonferenz trifft sich zur Herbstversammlung jährlich seit 1867 am Grab des hl. Bonifatius, um sich unter seine Fürsprache zu stellen. Auch hier also ein eindeutiges Bekenntnis zum römischen Papst als Oberhaupt der Kirche bei gleichzeitiger öffentlicher Willensäußerung dazu, sich als Landesbischöfe stärker als bisher intern abstimmen zu wollen.

Ende des 19. Jahrhunderts bekam die Kuppel des Berliner Reichstags einen 170 kg schweren Bronzeleuchter mit acht Metern Durchmesser, auf dem zwölf Figuren Platz finden. Den dargestellten Personen wurde für ihre herausragende Leistung und Dienst am deutschen Volk auf diese Weise gedankt. Darunter waren der Heilige Bonifatius und Martin Luther. Nach dem Reichstagsbrand 1933 kam der Leuchter nach Hamburg auf das Gelände einer Scheideanstalt (Affinierie), die jedoch eben nicht dieses Objekt einschmolz. Auch nach dem Befehl Görings aus dem Jahre 1940 zur »Metallspende des Deutschen Volkes« unterlief die kopf- und kragenriskierende Scheideanstalt die Ausführung und vergrub kurzerhand den Leuchter außerhalb der Stadt. Die britische Militärregierung erteilte 1947 wiederum der Scheideanstalt den Befehl, den wieder ausgegrabenen Leuchter jetzt aber endlich und tatsächlich einzuschmelzen. Und – kein Wunder – umschiffte geschickt die Scheideanstalt die Ausführung. 1982 wurden auf Anregung der Bundestags-Vizepräsidentin Renger die Figuren am Nord- und Südeingang des Reichtaggebäudes aufgestellt. Mit dem Umbau in den Deutschen Bundestag verschwanden die Bronzefiguren, wurden 2007 in Hamburg kurzzeitig ausgestellt, um erst wieder 2016 nach Berlin zurückzukehren. Die Bonifatius-Figur steht heute im Büro des Bundestagsabgeordneten Michael Brand aus dem Wahlkreis Fulda, weil niemand sonst Interesse bekundet hatte.

Zum Bonifatius-Fest am 5. Juni werden jährlich viele Reden von Päpsten, Erzbischöfen, Bischöfen und Klerikern öffentlich gehalten. In allen einhundertfünfzig nach Bonifatius benannten Kirchen in Deutschland wird jährlich beim Patronatsfest an sein Leben und Werk erinnert. Außerhalb Deutschlands gibt es keine zehn Kirchen, die nach Bonifatius benannt sind. Dabei wird diesem Heiligen der Weltkirche in Festreden überragende Bedeutung zugemessen.

»Alles, was in politischer, kirchlicher und geistiger Beziehung in Deutschland und Europa erwachsen ist, steht auf dem Fundament, das Bonifatius gelegt hat. Mit Bonifatius begann gewissermaßen die Geschichte des Christentums in eurem Land. Viele sagen, diese Geschichte neige sich ihrem Ende zu. Ich sage euch: Diese Geschichte ... soll jetzt neu beginnen, und zwar durch euch, durch euer im Geist des heiligen Bonifatius geformten Zeugnis!«, formulierte es Papst Johannes Paul II. in einer Rede auf dem Domplatz in Fulda 1980.

An demselben Ort sprach Bischof Bätzing 2018: »Liebe Schwestern und Brüder, als Schüler und Schülerinnen bei Bonifatius in die Lehre gehen: da werden wir eingeladen zu gründlicher Bildung unseres Herzens und unseres Geistes; da werden wir ermutigt zu einem positiven Blick auf unsere Zeit, gerade in ihren Herausforderungen; da werden wir hingeführt zur Eindeutigkeit unseres Gottesbildes, die Vertrauen und Kraft freisetzt.«

Der Historiker Lutz von Padberg nennt wie viele andere Bonifatius den »Baumeister unseres Kulturkreises«.

Heilige und Wunder

Mit Heiligen wurde in früheren Zeiten sehr eng die Wundermöglichkeit verbunden. Ihre sterblichen Überreste galten als Garant für wundersame Vorgänge und erinnern in gewisser Weise an die kultischen Verehrungsriten der Heiden.

Wunder sind im Sinne der katholischen Kirche Vorgänge, in denen die Naturgesetze außer Kraft gesetzt werden oder Vorgänge, die an den Naturgesetzen vorbei gewirkt werden.

Dem Kapuzinerpater Josef Imbach wurde im Jahre 2001 durch die Römische Glaubenskongregation die Lehrerlaubnis entzogen. Er hatte in seinem 1995 erschienenen Buch »Wunder. Eine existentielle Auslegung« Wunder grundsätzlich negiert. In dem 1987 neu erschienenen Lexikon der Religionen wird faktisch auf das Wunder als objektives Glaubwürdigkeitskriterium verzichtet. Wie angemessen ist es, geringschätzig über Wunder zu reden? Eine mögliche Haltung gegenüber Wundern liegt zwischen unkritischer Wundersucht und rationalistischer Wunderscheu. Gewiss, die fromme Phantasie hat manche Wunderberichte hervorgebracht, die Kopfschütteln verursachen können. Andererseits: Dass Gott nicht nur eingreifen kann in das Räderwerk seiner Schöpfung, sondern dass er das auf verschlungenen Wegen auch tut, gehört zu den elementaren christlichen Überzeugungen. Sonst wäre Beten ausschließlich psychosoziale Selbstberuhigung.

Der französische Kinofilm »Die Erscheinung« aus dem Jahr 2018 setzt sich mit der Wunderfrage in Zusammenhang mit der Frage der Wirklichkeit von religiösen Visionen auseinander und öffnet den Raum für weitere spannende Fragen.

Das Wunder könnte darin bestehen, dass es überhaupt unsere Erde in der Unendlichkeit des Universums gibt. Und dass auf dieser Leben möglich ist und mit diesem immer ein Neuanfang.

Kann es nicht sein, dass der wahre Ort des Glaubens nicht das Wunder, sondern die Abwesenheit des Wunders ist? Die Verborgenheit Gottes in der Welt schließt seine Existenz in einer tieferen Wirklichkeit nicht aus, wie Tomáš Halík in mehreren seiner Bücher ausführt. In diesem »Vielleicht« könnte Hoffnung liegen.

So hat das Pilgern und Wallfahren aus welchen persönlichen Beweggründen heraus auch immer vielleicht gerade in den heutigen Dynamiken und Komplexitäten des Zeitgeschehens seine Berechtigung und verdienten Platz.

Welche persönliche Bedeutung können Heilige haben?

Heiligenverehrung oder, neutraler ausgedrückt, die Beschäftigung mit Personen, die die Kirche als Heilige herausgehoben hat, kann aus vernünftigen Gründen sinnvoll und bereichernd sein. Es kann das eigene Verständnis in Glaubensangelegenheiten stärken. Konkrete Vorbilder der Nachfolge Jesu – das geistige Eintreten in die Fußstapfen authentischer und glaubwürdiger Vorbilder – können bei der Lebensorientierung helfen. Auch kann es sich angenehm anfühlen, die Gemeinschaft und sich selbst solidarisch in einer gemeinsamen Geschichte über Jahrhunderte hinweg zu verorten. Allerdings darf in diesem Kontext die Strahlkraft des Heiligen nicht überspannt werden, so dass das eigene Leben im Vergleich als geradezu dürftig und klein erscheint. Das ist die pessimistische Kehrseite des Heiligen- wie Heldentums.

Was können Heilige für das Glaubensleben bedeuten? Was spricht dagegen, die gängigen Heiligenbücher zuzuklappen? Heribert Prantl schreibt in der Süddeutschen Zeitung vom 3. August 2020 indirekt als Nachruf für Hans-Jochen Vogel über seine Abneigung gegen die gängige Heiligen-Frömmelei: In dieser hätten Menschen keine Schwächen bzw. hätten diese tapfer heldenhaft überwunden. So seien Helden und Heilige unnahbar und makellos. Und wird der Held, der Heilige dann einer Schwäche bezichtigt, werde er vom Sockel gestürzt und all sein Tun infrage gestellt. Zu Recht?

Max Ernst hat kurz nach dem Ersten Weltkrieg mit seinem Bild von Maria, die dem Jesuskind den Hintern versohlt, radikal abgerechnet mit christlichen Harmonievorstellungen.

Ist es denn nicht eher so, dass gerade ein nicht perfektes Vorbild Kraft entfalten kann. Mit diesem kann sich ein Mensch, der sich eben seiner Schwächen bewusst ist, identifizieren. Und dann ermuntert das Vorbild dazu, etwas zu tun, wovor gezögert, von dessen Konsequenzen zurückgeschreckt wird.

Vorbilder, nicht Helden und Idole, helfen bei der Selbstfindung und wecken kreative Kräfte. Es geht nicht darum, in die Fußstapfen des Vorbildes zu treten, sondern darum, dass der Mensch mit Hilfe des Vorbildes über sich hinauswachsen kann – auf seinem ganz eigenen Weg.

Insofern sind Heilige nicht nur die Heiliggesprochenen, sondern auch all jene, die Christus nachfolgen und anderen im Alltag helfen. Sie sind sozusagen »rostige Werkzeuge Gottes«. »Nobody is perfect«, sagt Osgood umwerfend lächelnd zu Daphne am Ende des Films »Some like it hot« (1959). Übrigens eine schöne Pointe: der englische Vorname Osgood bedeutet »göttlicher Schöpfer«.

Gelebter Glaube hat so viele Gesichter wie es Menschen gibt. Und weiter als bis zu Gott können Heilige auch nicht kommen – und dieser Weg steht allen Menschen frei. Suchenden kann der Weg geebnet werden, wenn sie mit Heiligen ins Gespräch kommen. In diesem Prozess kann Geschichte etwas Lebendiges eingehaucht werden. Das geht ganz einfach, indem man das möglicherweise Zementierte in Bewegung setzt – und sei es zunächst nur durch das Gehen auf einem »Heiligenweg«.

Diese erste Dynamik führt oder kann dazu führen, dass sich durch Aufdeckung möglicherweise bereits verkrusteter Schichtungen neue Perspektiven eröffnen. Insofern kann der Verweis auf das Vergangene, das Abgeschlossene, hochaktuell sein.

Wie schön und hässlich, plump und anziehend verlockend ist der Umgang mit Geschichte? Infragestellen und Nachforschungen können schmerzen, müssen schmerzen. Sie entlarven Selbstherrlichkeit oder das gemütliche Verharren in allzu bekannten Erklärungen, die im Ergebnis zu einer Lähmung jedweder Veränderungen führen.

Aktuell taucht in der katholischen Kirchenwelt der Name Bonifatius hier und da immer wieder auf: In der Debatte um den Synodalen Weg der Deutschen Bischofskonferenz betont das eine Lager seinen Kampfgeist gegen Götzenkult und seinen Missionseifer. Das andere Lager betont seinen Durchhaltewillen in der Verkündigungsarbeit und seine diplomatischen Fähigkeiten. Es liegt auf der Hand, dass mit dem Namen des Heiligen sehr unterschiedlichen Interessen bis heute verfolgt werden können.

»Pilger, kommt ihr nach Fulda an mein Grab, dann erzählt, dass ihr mich habt liegen sehen. Ich habe Gottes Willen für meinen Lebensweg zu erforschen versucht und entsprechend gehandelt. Und weil ich das konnte, dann könnt ihr das auch versuchen – nur Mut und Hoffnung – whatever it takes; Dank gebührt dem, dessen Name ich gar nicht kenne, aber heilige «, flüstern die Wände der Bonifatius-Gruft – oder ist es nur der Windhauch?

Die Aufarbeitung – in E-Mail Schnipseln

30.07.2017

Ich bin gut angekommen in Bochum …

hatte nette Unterhaltung mit zwei Soldaten – liegt ja nahe, wenn man aus dem Russlandfeldzug heimkehrt …

03.08.2017

Es ist schön, von dir zu hören und dass du bei deiner Heimkehr fachlichen Trost bekamst. Aber ich glaube nicht, dass die modernen Soldaten bei uns mitreden können …

Ich fühle mich wie neu geboren …

Schmerz lass nach, was er auch tut …

Mein Fuß nimmt langsam wieder Konturen an. Nachts Pferdesalbe und tagsüber Ibo 600.

Auf Maloche ziehe ich Wandersandalen an …

unter dem Blasenpflaster kam Eiter am rechten Fuß – am rechten Fußnagel Brandwasser heraus. Hab ihnen erstmal ein Salzbad gegönnt – sehen wieder passabel aus. Psychisch hat es mir viel gegeben. Ich stehe stärker gegenüber den Dingen. Vielleicht so wie ein Stier, der herausgefunden hat, wie stark er wirklich ist … Ohne dich hätte ich das nicht gemacht, ganz vielen Dank!

27.08.2017

PS: War gestern beim Thorsten Sträter in Windecken auf dem Marktplatz, habe viel gelacht. Mit dem Auto ist es über ca. 1 h Fahrt, wir sind zwei Tage gelaufen …

29.08.2017

In der Bibliothek des Bistums hab' ich mir einige Bücher zum Thema »Pilgern« ausgeliehen. Da steht u.a.: Ein festes Ziel ist wichtig …

Du kommst anders heraus als du hineingegangen bist …
Beim Wandern ist das äußere Erleben wichtig, also eine interessante
Landschaft, beim Pilgern geht es ums innere Erleben …
Es bedeutet Schmerzen und bringt dich an die Grenzen …
Also – wir haben gut gegessen und getrunken, was ich wieder tun
würde. Gebetet habe ich zumindest viel zu wenig – da fehlte mir der
Anreiz zu.

20.10.2017
Schmerzen habe ich nicht empfunden und Grenzen habe ich auch
nicht gespürt.
Die Landschaft ist mir schon wichtig –
die ersten 70 km waren schon 'ne Herausforderung diesbezüglich…
Im Nachhinein wird mir immer klarer, dass eine stärkere Hinwendung
zu Besinnung und Stille, ja Gebet, schon besser gewesen wäre – na ja
– beim nächsten Mal …

Nachwort von P. Bonifatius Allroggen

Die beiden Pilger, Jürgen Faitz und Renate Gottschewski, gehen einer religiös-spirituellen Tradition nach, die so alt ist wie die Menschheit. Der Mensch ist ein Wanderer, ist ein Gehender. Es gehört zu seinem Wesen, ja, dazu ist er schon physisch angelegt. Seine Beine hat er, um zu gehen.

In frühen Phasen der Menschheitsgeschichte brach er immer wieder auf, um neue Lebensmöglichkeiten für sich, für seine Gemeinschaft zu finden. Oftmals diente dieses Ausziehen aus der angestammten Heimat dem nackten Überleben. Dieses Weiter- und Auswandern konnte gelingen. Oft war es begleitet von Konflikten mit den Einheimischen oder mit anderen Auswanderern. Es brachte, auch in unbesiedelte Regionen, Bereicherung und Veränderung. Dann gab es ein Zusammenwachsen, Zusammenfinden mit den schon ansässigen Bewohnern, deren Bewusstsein und Horizonte sich erweiterten. Diese Prozesse verliefen meistens durch mehr oder weniger große Gruppen, Auswanderungsgruppen.

Das wohl markanteste Beispiel für diese Phänomene ist für Juden, Christen und Muslime das Volk Israel, das aus Ägypten auszog. Die Exodus-Erzählung ist die Ursprungslegende der drei abrahamitischen Religionen. Sie prägte und prägt diese als religiös – historisches Beispiel bis heute wesentlich mit. Exodus, Auszug. Diese Begriffe stehen für Freiheit, Selbstständigkeit, Selbstwerdung, Identitätsfindung und manches mehr.

So ist auch das heutige moderne Pilgern, Wallfahren und Wandern immer mehrschichtig. Da spielen bewusste und unbewusste Be–*weg*–gründe mit hinein. In den letzten Jahrzehnten haben viele Menschen diese uralte Aktivität wieder neu entdeckt und in Gang gebracht. Alte Routen wurden erschlossen. Den frühen Christen möchten die Pilger ganz konkret auf die Spur kommen. Nicht nur der weltberühmte Jakobusweg, auch eine Bonifatius-Route wurde ausgezeichnet. Dem hl. Martin kann man von Westungarn, wo er geboren wurde, folgen bis nach Tours in Frankreich, wo er begraben liegt, nachgehen.

Die Kirche bringt in Bewegung, möchte und soll motivieren. Wegleute wurden die frühen Christen auch genannt. Die Gläubigen und die Suchenden, die Frommen und die Zweifler können sich auf alte Pilgerrouten begeben. Gut und bewusst ausgesucht, zusammengestellt; mal touristisch erschlossen, mal abenteuerlich zu bewältigen. Denn der, der sich auf den Weg macht, soll auch ankommen, ans Ziel gelangen. Der, der sich aufmacht, hat schon das Ziel im Sinn, lässt Hoffnung lebendig werden.

Unser Leben ist ein Weg, ein Lebensweg. Und wir möchten, sollen ankommen. So wie die Schwalbe, ohne dass sie jemals in der warmen Region gewesen ist, doch vor Winteranbruch, den Süden anfliegt und auch ankommt, so hat der Mensch die Sehnsucht in seiner Seele, den Himmel zu erreichen. Er muss sich los machen, muss sich bewegen, muss in Fahrt kommen. Nur dann macht er Lebenserfahrungen, die sein Menschsein reich machen. Aufbruch wagen, Altes verlassen, Gewohnheiten aufgeben. Nur dann wird er geführt.

Unser Lebensweg ist nicht nur bequem. Gerade das erfährt mann/frau auf einer Pilgerschaft, einer Peregrinatio, wie die alten Wandermönche diese spirituelle Übung nannten. Es geht über Höhen und Tiefen, durch Regen und Sonnenschein.

Geht man dem Wort ‚leiden' nach, dann stößt man auf den ethymologischen Ursprung. Dieser besagt, dass er in früheren Zeiten für ‚unterwegs sein, wallfahren, pilgern' stand. Davon hat sich das Wort dann gelöst und verselbstständigt und steht heute für Schmerz ertragen, Krankheiten kennen und manches Unangenehme erfahren. Ja, das Leben ist ein Durchgang, ist ein Erfahren von Leid und ein Annehmen desgleichen.

Unsere beiden Pilger auf der Bonifatius-Route, Renate und Jürgen, erzählen ja von wunden, geschwollenen Füssen, von Dauerregen und ungewollten Umwegen und auch kleinen Verirrungen. Das ist unser Leben. Es ist keine Fluglinie, die schnurstracks verläuft, sondern ein jeder, der ehrlich und wahrhaftig ist, weiß um Lebensstrecken, die Verletzungen, Verwundungen mit sich bringen. Im übertragenen Sinne gibt es in jedem Leben Durststrecken, Umkehrsituationen und Sackgassen, aus denen wir heraus müssen. Umkehr ist ein Grundbegriff in der christlichen Frömmigkeit.

Jesus sagt im Evangelium nach Johannes von sich:

Ich bin der Weg, die Wahrheit und das Leben. (Joh 14, 6)

Der Weg personifiziert sich in der Menschwerdung Gottes. Hier liegt die Hauptmotivation des christlichen Pilgerns: Gott zu er-*fahren*, Christus zu finden. D. h. auch immer sich selber finden, den Weggefährten miterleben, ja mitnehmen. So wie jeder von uns mal selber auch mitgenommen werden muss, vielleicht auch getragen werden muss, wenn er nicht mehr selber gehen kann.

Diese Gedanken führen zu der Einsicht, dass das, was Renate und Jürgen einige Tage unternommen haben, existenziell ist. Es handelt sich um eine optimale religiös-geistliche, aber auch körperliche Übung, die beide weitergeführt hat – innerlich, seelisch.

Pater Bonifatius Allroggen OCist.
Abtei Seligenthal in Landshut, im Juli 2020

Leben und Schaffen des Bonifatius im Überblick

754 /755	wird Bonifatius in Dokkum/West-Friesland überfallen und getötet.
753	setzt er seinen Schüler Lul (Lulus) als Nachfolger auf dem Erzbischofssitz in Mainz ein und hält sich selbst als Missionar wieder in Utrecht und Friesland auf.
746	versagt ihm die Obrigkeit den erwünschten Erzbischofssitz von Köln und weist ihm stattdessen Mainz zu. Bonifatius reist zu den Sachsen, kümmert sich um die Instandsetzung der Kirchen und lebt überwiegend dort.
745 / 747	erfährt Bonifatius auf der gesamtfränkischen Synode heftige Widerstände gegen seinen Vorschlag einer noch stärkeren Anbindung an Rom.
744	schenkt der fränkische Hausmeier (ein hoher Verwalter) Karlmann I. Bonifatius den Grund und Boden in Fulda für das unter Sturmius zu bauende Benediktiner-Kloster als eine Grabstätte.
742	befindet sich Bonifatius auf dem Höhepunkt seiner kirchlichen Karriereleiter: Auf dem Concillium Germanicum setzt er eine umfassende Reform der fränkischen Kirche auf dem Gebiet Germaniens zwischen Elbe und Rhein und deren Anbindung an Rom durch.
740	setzt Bonifatius die Missionarin Lioba als Äbtissin von Kloster Bischofsheim ein.
738	wird er in Rom zum Päpstlichen Legaten für Germanien berufen (dritte Romreise). Die, bis heute gültigen, Grenzen der direkt an Rom angebundenen Bistümer Passau, Freising,

	Salzburg und Regensburg werden festgelegt. Die Diözesen Erfurt, Büraburg (bei Fritzlar), Würzburg und Eichstätt werden gegründet.
734	führt maßgeblich Bonifatius eine Reform der bayerischen Gebietskirche nach kanonischem Recht durch, die später jedoch scheitert.
732	wird er zum Missions-Erzbischof ohne Sitz (Übersendung des Palliums) und Päpstlichen Vikar für das gesamtgermanische Missionsgebiet ernannt. Bonifatius holt zur Unterstützung die Nonne Lioba aus England für die Bekehrung der weiblichen Bevölkerung.
732/724	gründet Bonifatius das Kloster Fritzlar für die Chatten im heutigen Nordhessen, sowie das Kloster Ordruf im heutigen Thüringen, beide auf dem Grund ehemaliger heidnischer Kultstätten.
724	reist er nach Paris zu Karl Martell und lässt sich einen Schutzbrief zur Heidenmission in Germanien ausstellen. Der ca. 1,85 bis 1,90 m groß gewachsene Bonifatius fällt öffentlichkeitswirksam in der Nähe von Geismar in Nordhessen die mächtige »Donar-Eiche«, das Natur-Heiligtum der Chatten.
723	pilgert Bonifatius zu Fuß nach Rom und wird zum Missionsbischof (ohne Bischofssitz) für den Teil Germaniens, der außerhalb des ehemaligen Römischen Reiches lag, ernannt (zweite Romreise).
721	gründet Bonifatius eines seiner ersten Klöster bei Amöneburg/Hessen.
719	gibt ihm der Papst den lateinischen Namen »Bonifatius« (wörtlich: »Ich tue Gutes«) und beauftragt ihn mit der

	Heidenmission in West- und Ost-Friesland, wo er unter dem erfahrenen Missionar Willibrord arbeitet.
718	unternimmt Wynfreth (Bonifatius) seine erste Romreise, nachdem er sich bei seinem Abt und Landesherrn in England als Priester abgemeldet hat.
716	reist er im Übereifer von England nach West-Friesland, scheitert jedoch bei seinem ersten Einsatz als Missionar.
702	im Kloster Nursling wird Wynfreth zum Priester geweiht. Er arbeitet als Lehrer an der Klosterschule, ist im Predigtdienst tätig und wirkt kurzzeitig auch als Abt.
672/675	sind die mutmaßlichen Geburtsdaten des Bonifatius. Sein Taufname ist Wynfreth und er lebt in Wessex (»Westsachsen«) / England in einem Benediktiner-Kloster, wo er schon als Kind im Lesen und Schreiben unterrichtet wird.

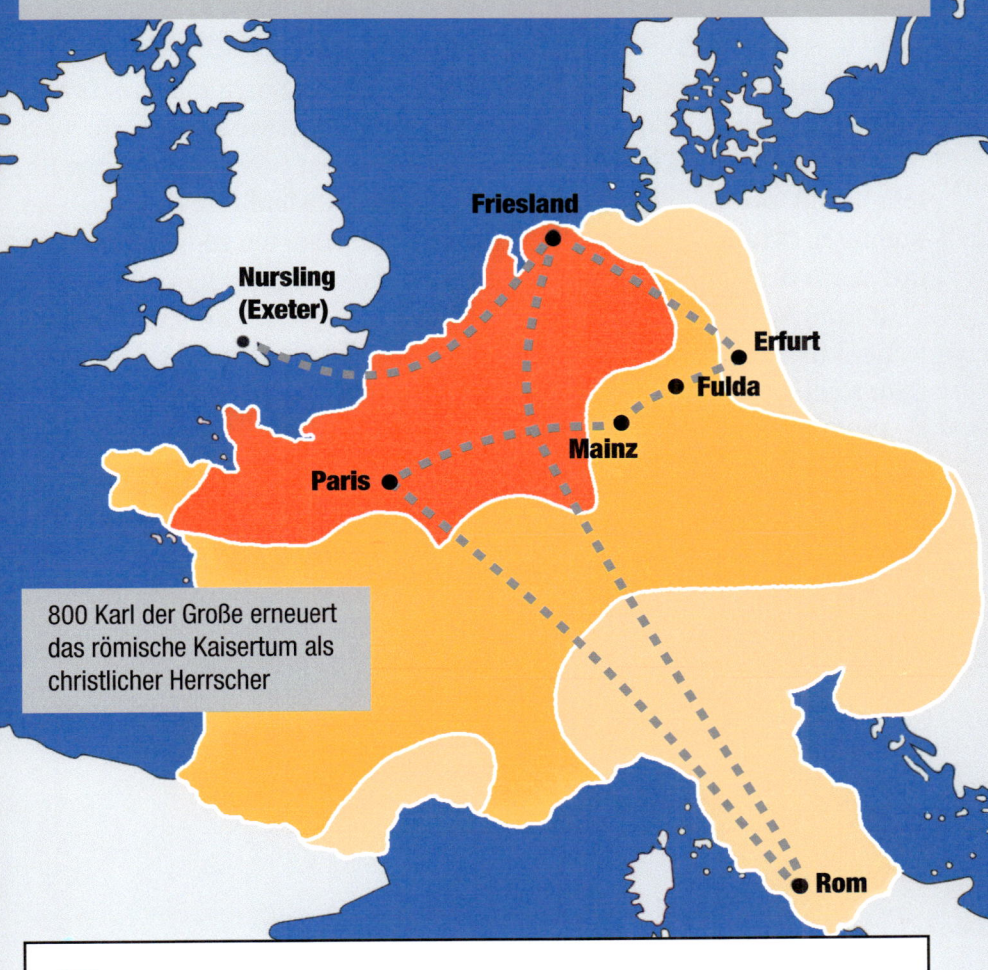

Expansion des Frankenreiches und Wege des Bonifatius

Friesland

Nursling (Exeter)

Erfurt

Fulda

Mainz

Paris

800 Karl der Große erneuert das römische Kaisertum als christlicher Herrscher

Rom

Das Frankenreich unter König Chlodwig um 493

Das Franenreich unter den Merowingern um 560

Das Frankenreich unter Kaiser Karl dem Großen um 814

Wege des Bonifatius

Anhang

Dank

Im Herbst 2019 wurden wir als Referenten in die Bochumer Justizvollzugsanstalt eingeladen. Thema im Rahmen der Besinnungstage war: Unterwegs auf der Bonifatius-Route. Es war ein beeindruckendes Erlebnis, mit den Gefangenen über das Pilgern ins lebhafte Gespräch zu kommen. Offensichtlich ist das Thema spannender als gedacht. Das hat uns darin bestärkt, die Mühen des Schreibens auf uns zu nehmen.

P. Bonifatius Allroggen hat uns erlaubt, einen Ausschnitt aus seinem Relief »Bridge Over Troubled Water« als Umschlagseite zu verwenden. Sein Nachwort gibt diesem Buch eine besondere zusätzliche Note.

Dr. Eva-Maria Schmidtlein und Frau Eva-Marie Warlimont haben das Manuskript durchgesehen und wertvolle Anregungen gegeben.

Bezüglich der Abdruckgenehmigungen der Fotos und Psalmen kamen uns die Rechteinhaber sehr großzügig entgegen.

Michael Camici hat das Layout übernommen und nach unseren Wünschen kreativ umgesetzt.

Allen unseren sehr herzlichen Dank!

Literatur- und Quellenverzeichnis

Angenendt, A.: *Pirmin und Bonifatius. Ihr Verhältnis zu Mönchtum, Bischofsamt und Adel.* In: Borst, A. (Hrsg.): Mönchtum und Episkopat und Adel zur Gründungszeit des Klosters Reichenau, Sigmaringen 1974, S. 251–304

Akademie der Wissenschaften und Literatur in Mainz: Regetra Imperii, Abschnitt Bonifatius 742–755

Böhringer, F.: *Die Kirche Christi und ihre Zeugen oder die Kirchengeschichte in Biographien,* Zürich 1849

Brandt, M.: *Wie Bonifatius in den Reichstag kam,* Petersberg 2017

Bühler, J.: *Klosterleben im Mittelalter,* Frankfurt am Main 1989

Bußmann, B. et al.: *Übertragungen: Formen und Konzepte von Reproduktion in Mittelalter und Früher Neuzeit,* Berlin 2012

Ebracht, A.: *Bonifatius der Zerstörer des columbanischen Kirchentums auf dem Festlande,* Gütersloh 1973

Einheitsübersetzung der Heiligen Schrift, vollständig durchgesehene und überarbeitete Ausgabe © 2016 Katholische Bibelanstalt, Stuttgart. Alle Rechte vorbehalten.

Goebel, B.: *Dialogische und emanzipatorische Elemente in der Missionspraxis des Bonifatius.*
In: Odenthal, A.: (Hrsg.) et al.: Verspielen wir das Erbe des hl. Bonifatius? Theologische Betrachtungen aus Anlass seines 1250. Todestages, Fuldaer Hochschulschriften, Frankfurt 2005, S. 59–106.

Halík, T.: *Nicht ohne Hoffnung,* Stuttgart 2014

Hawel, P.: *Das Mönchtum im Abendland*, Freiburg im Breisgau 1993

Heid, S.: *Der vereinnahmte Bonifatius*. Vom apostolischen
Völkermissionar zum »Apostel der Deutschen«.
In: Trierer Theologische Zeitschrift, S. 238–272, Trier 2007

Humanities – Sozial- und Kulturgeschichte, Fachinformation vom
15.07.2004: *Tagungsbericht: Bonifatius – Leben und Nachwirken
(745–2004)*. Internationale Tagung zum 150. Todestages in Mainz vom
02.06. – 05.05.2004, Mainz 2004

Kehl, P.: *Kult und Nachleben des heiligen Bonifatius im Mittelalter
(754 – 1200)*. In: Quellen und Abhandlungen zur Geschichte der Abtei
und der Diözese Fulda, Band XXVI, Fulda 1993

Knefelkamp, U.: *Das Mittelalter*, Paderborn 2002

Kügelgen, D.v.: *Bonifatius: Apostel der Deutschen*, Fulda 2018

Lutterbach, H.: *Bonifatius. Mit Axt und Evangelium*.
Eine Biographie in Briefen, Freiburg im Breisgau 2004

Lutherbibel, revidiert 2017 © 2016 Deutsche Bibelgesellschaft,
Stuttgart

Neuhofer, S.: *Die iroschottische Mission auf dem Kontinent*, Diplomarbeit, Katholisch-Theologische Fakultät, Universität Wien 2013

Ntiamoah, Henry Kwadwo: *Das Missions- und Kirchenverständnis des
hl. Bonifatius, dargestellt anhand seiner Briefe*. Diplomarbeit,
Katholisch-Theologische Fakultät, Universität Wien 2010

Padberg, L.v.: *Christianisierung im Mittelalter*, Darmstadt 2006

Padberg, L.v.: *Bonifatius – Missionar und Reformer*, München 2003

Schieffer, R.: *Die Zeit des karolingischen Großreichs 714 – 887*,

Handbuch der deutschen Geschichte Band 2, Stuttgart 2005

Sievernich, M.: *Die christliche Mission.* Geschichte und Gegenwart, Darmstadt 2009

Simek, R.: *Die Germanen,* Stuttgart 2006

Sonnabend, H.: *Triumph einer Untergrundsekte.* Das frühe Christentum von der Verfolgung zur Staatsreligion, Freiburg im Breisgau, 2005

Verein Bonifatius-Route e.V. (Hrsg.): »*Auf Spurensuche…*« Die Bonifatius-Route von Mainz nach Fulda, Glauberg 2012

Schüßler, M.: *Befreiung im Dazwischen. Postheroische Transformation von Caritas- und Diakonietheologie.* In: Zeitschrift für Pastoraltheologie Zur Situation von Theologie und Kirche, 39. Jahrgang, 2019-2, S. 151–170

Vogt, F.: *Kirchengeschichte(n) für Neugierige,* Leipzig 2013

Weichlein, S.: *Die Bonifatiustradition im 19. und 20. Jahrhundert.* In: Voscherau-Museum Fulda (Hrsg.): Bonifatius. Vom angelsächsischen Missionar zum Apostel der Deutschen, Fulda 2004, S. 68 – 82

Abdruckgenehmigungen der Copyright-Inhaber

Benediktinerinnen-Abteil Engelthal für das entsprechende Foto,
Fotograf: Erhard Maria Klein

Bistum Fulda für das Foto vom Bonifatiusgrab
Fotograf: Christoph Ohnesorge

Deutsche Bibelgesellschaft Stuttgart, Lutherbibel, Psalmen

Frischhut, Anita für das Foto von P. Bonifatius

Katholische Bibelanstalt GmbH für die Einheitsübersetzung der
Heiligen Schrift, Psalmen

Katholische Kirchengemeinde Hochheim für das entsprechende Foto

Keltenwelt am Glauberg für das entsprechende Foto

Marx, Christina für das Foto »Blick vom Hoherodskopf auf Frankfurt«

Vogt, Fabian für die Verwendung seiner »Bonifatius-Missionspredigt«,
die wir gekürzt haben

Wörner, Andreas vom Magistrat der Stadt Flörsheim für das Foto vom
Schwefelbrunnen

Jürgen Faitz

geboren 1959 in Grebenhain/Hessen, lebt
nach Jahren als Entwicklungshelfer wieder
im Vogelsbergkreis. Während seines
Agrarstudiums arbeitete er in Frankreich.
Dort begegnete er 1983 …

Renate Gottschewski

geboren 1960 in Rüsselsheim am Main.
Mit ihrer Familie lebt die promovierte
Agraringenieurin und kirchlich Engagierte in
Bochum. Dort traf sie 2014 auf …

Bonifatius Allroggen

geboren 1959 in Rhede/Kreis Münster.
Der Priestermönch, Lehrer und Künstler lebt in der
Landshuter Zisterzienserinnen-Abtei Seligenthal.